Für Pia

Über den Autor

Christoph Lauterbach ist nach langjährigen Vertriebs- und Führungsaufgaben seit 2010 hauptberuflich als zertifizierter Businesscoach tätig. Er coacht Selbstständige, Geschäftsführer sowie Fach- und Führungskräfte in Sachen Mitarbeiterführung, Kommunikation und Unternehmenskultur. Seine Auftraggeber reichen von KMU bis Konzernunternehmen in diversen Branchen.

Ferner unterstützt er Menschen in Sachen Problemlösung, Zielfindung und Karrierefragen und wird regelmäßig als Interviewpartner zu Themen aus dem Bereich Business- und Lifecoaching angefragt.

Näheres unter: www.elbe-coaching-hamburg.de

Christoph Lauterbach

DEINE SCHULD, WENN'S DANACH BESSER LÄUFT!

20 Blogs aus 10 Jahren Coaching

Impressum

Bibliografische Information der Deutschen Nationalbibliothek:
Die Deutsche Nationalbibliothek verzeichnet diese Publikation in der Deutschen Nationalbibliografie; detaillierte bibliografische Daten sind im Internet über http://dnb.dnb.de abrufbar.

Freiberuflicher Businesscoach & Unternehmensentwickler
Sandwisch 39a, 22113 Hamburg
www.elbe-coaching-hamburg.de

Herstellung und Verlag: BoD – Books on Demand, Norderstedt

ISBN: 978-3-7578-0417-6

panta rhei - alles fließt

Heraklit

Inhaltsverzeichnis

1. Vorwort

Gemachte Erfahrungen sind die besten Lehrerinnen unseres Lebens. Jeder von uns hat eine einzigartige Geschichte zu erzählen, die von Höhen und Tiefen, Erfolgen und Misserfolgen, Freuden und Trauer geprägt ist. Als Coach arbeite ich mit Menschen aus verschiedenen Generationen, Berufen und Lebensbereichen zusammen, habe ihre Geschichten gehört und Einblick bekommen, wie sie ihre Erfahrungen nutzen, um ihr Leben zu gestalten. Fast immer waren diese Erfahrungen die Basis unserer Zusammenarbeit, um neue Weichen für die Zukunft zu stellen oder entstandene Probleme zu lösen. Die Frage *„Wie soll es denn stattdessen sein?"* war dabei oft der Beginn dieser gemeinsamen Reise.

Mein berufliches Anliegen war und ist es dabei zu helfen, Erfahrungen in ein positives Wachstum umzuwandeln. Daran mitwirken zu dürfen, empfinde ich auch nach über 13 Jahren als Vollzeit-Coach immer noch als großes Privileg.

Mein zweites Anliegen ist es als jemand, der wie jeder von uns seinen Weg durch die Welt geht und Herausforderungen zu überstehen hat, mehr Verständnis für eigene Überzeugungen und Werte zu entwickeln und ein zufriedenes Leben zu führen.

Im Laufe der Jahre ist dabei eine Auswahl an Themen, Coaching-Tools, Inhalten aus Gesprächen und hier und da auch mal ein Schuss Philosophie zusammen gekommen. Aus jener Auswahl ist dieses Buch entstanden. Ergänzt habe ich die Texte mit ein paar „Flips" am Ende jedes Blogs, welche die Kerninhalte nochmal zusammenfassen und auf das Wesentliche reduzieren.

Diese Inhalte sollen Appetit machen. Wenn du tiefer einsteigen möchtest, gebe ich dir im Anhang eine Auswahl an zugrunde liegender und weiterführender Literatur sowie die jeweiligen Quellen mit. Mir ist wichtig, die Themen in den Kapiteln kompakt, einfach und praxisrelevant dar zustellen, eigene Schlussfolgerungen anzubieten und dich in Kontakt damit zu bringen.

Wie du liest, schreibe ich dieses Buch in der „Duz"-Form. Das soll nicht plumpe Vertraulichkeit vermitteln, sondern ich möchte dir das Gefühl geben, dass ich es gut mit dir meine und hier in vertraulicher Atmosphäre auch Dinge ansprechen darf, die im Alltag vielleicht zu kurz kommen.

Dabei habe ich keinen durchgängigen (Schreib-)Stil verfolgt. Je nach Stimmung an dem jeweiligen Tag am Schreibtisch übernahmen mal mein innerer Coach, Pragmatiker, Hobby-Philosoph oder Geschichtenerzähler das Schreiben. Es ist eine Art Bauchladen entstanden: Wenn dir etwas gefällt, greif zu - wenn nicht, lasse es einfach stehen.

Dieses Buch ist durch und durch handgemacht, frei von KI und hat definitiv keinen Anspruch auf „Recht haben wollen".

Welchen Erkenntnisgewinn könnte dir der Inhalt bringen?

Wenn ich es schaffe, dass du deine eigenen Erfahrungen bewusster nutzt, um deine Ziele schneller und effektiver zu erreichen, und dir die hier vorliegenden Inhalte dabei nützlich sind und dich inspirieren, dann habe ich mein Ziel erreicht.

Gender-Hinweis:

Dieses Buch wurde von mir geschrieben, um dich als Menschen anzusprechen und das Gefühl zu geben, hier willkommen zu sein. Du sollst dich unabhängig von deinem Geschlecht mit den Inhalten identifizieren können. Nur aus Gründen der besseren Lesbarkeit und Übersichtlichkeit verwende ich meist das generische Maskulinum.

2. Von Reitern und Elefanten

Wir rühmen uns seit jeher als Wesen der Vernunft und sind sehr stolz auf unsere Fähigkeit, Entscheidungen auf der Grundlage von Logik und Fakten zu treffen. Doch wir sind nicht ausschließlich Vernunftswesen. Schauen wir uns die Sache einmal genauer an, stellen wir fest, dass unser Verhalten oft weit entfernt von Rationalität ist. Wir verhalten uns oft auf unerklärliche Weise „unlogisch" und das führt dazu, dass wir sogar manchmal unseren eigenen Interessen und eigenen vermeintlichen Überzeugungen widersprechen. Rationale Entscheidungen bilden also nicht immer die Grundlage für unser Handeln. Vielmehr werden wir von einer Vielzahl von Faktoren beeinflusst, die unsere Entscheidungsprozesse auf vielschichtige und oft unbewusste Weise prägen.

Eine der Hauptursachen liegt in unseren Emotionen. Sie spielen eine zentrale Rolle in unseren Entscheidungen, und oft sind es unsere persönlichen Gefühle und Stimmungen, die den Ausschlag dabei geben. Die häufig unbewusste Angst vor Verlust, der Wunsch nach Bestätigung oder die Sehnsucht nach Zugehörigkeit können dazu führen, dass wir Entscheidungen treffen, die auf den ersten Blick unvernünftig erscheinen.

Auch äußere Einflüsse spielen eine Rolle. Wir sind soziale Wesen und lassen uns von anderen Menschen beeinflussen. Wir orientieren uns oft an den Handlungen und Meinungen anderer. Der Wunsch nach sozialer Akzeptanz und der Drang, dazuzugehören, können unsere Rationalität überlagern.

Diese Erkenntnisse zu gewinnen, um menschliches Verhalten besser zu verstehen, ist für mich ein elementarer Punkt, um als Coach, Führungskraft, Freund, Partner, Familienmitglied, schlicht als Mensch eine bessere Lebensqualität im Miteinander zu erzielen.

Darum ist dieses Thema für mich ein wertvoller Schlüssel, und gehört in diesem Buch ganz nach vorne.

Also, los gehts.

Unser Leben wird bestimmt von einer Vielzahl von unbewussten Prozessen, die uns durch unseren Alltag tragen. Tatsächlich ist diese „Kraft" omnipräsent und übernimmt still und leise 24 Stunden pro Tag eine Masse von Aufgaben.

Atmest du gerade? Ich hoffe ja, denn das verlängert bekanntlich das Leben, aber denkst du etwa ständig daran? Was ist mit deinen körperchemischen Prozessen? Deiner Verdauung? Selbst ein lebenslanges Studium der Biologie und Chemie würde nicht ausreichen, um das alles zu managen. Gott sei Dank läuft das alles wie auf Autopilot. Unser dafür zuständiges Nervensystem und Areale im Hirn, z.B. unser Hirnstamm, sind wie ein Nachrichtensystem, welches uns „funktionieren" lässt. Doch der Begriff des „Unbewussten" ist damit noch nicht zu Ende. Es wird vor allem dort interessant, wo wir diesen Begriff nicht nur auf motorisch/sensorische Handlungen aus unseren tiefliegenden Hirnregionen heraus beziehen, sondern auf weiterer, psychologischer Ebene betrachten. Als einen Bereich, der sich unserem Bewusstsein entzieht und ein Eigenleben zu führen scheint.

All unser Tun und Geschehen, all unser Lernen, unsere Erfahrungen und Bewertungen, unser Streben, Impulse, Triebe, Intuition, all das Erfassen und Verwerten von eingehenden Informationen findet zum Großteil in Arealen statt, die in unserem Gehirn als das sogenannte „limbische System" zusammengefasst sind.

Ein offenbar wichtiger Prozessor „im Oberstübchen" mit gewaltiger Rechenleistung. Extrem schnell und fähig, Tausende von Informationen pro Sekunde zu verarbeiten. Im Gegensatz zu unserem Bewusstsein, das auf deutlich weniger Informationsumsatz pro Sekunde kommt. Vermutlich gerade soviel, wie in dem Satz, den du hier gerade liest (und verstehst), dann ist eine Sekunde auch schon rum.

Warum ist das so? Es erfordert eine vorherige Auswahl von Wahrnehmungen, die unserem Bewusstsein zugeführt werden, weil es sonst „verstopfen" würde. Ein konzentrierter Fokus auf Dinge wäre dir ansonsten kaum mehr möglich.

Genaue Zahlen sind schwierig festzulegen, es geht hier aber auch nicht um exakte Mathematik, sondern es sollen die Größenverhältnisse in Sachen Informationsverarbeitung aufgezeigt werden, die es dir ermöglichen, sich sowohl instinktiv, emotional als auch von der Ratio her auf deine Umgebung einzustellen.

Der Psychologe Jonathan Haidt hat ein, wie ich finde, äußerst griffiges und sympathisches Bild vom Zusammen-spiel des Bewussten und Unbewussten in seinem Buch „Die Glückhypothese" beschrieben: Die Metapher vom Reiter und seinem Elefanten.

Der Reiter symbolisiert in diesem Bild deine Ratio, dein bewusstes Denken, welches eben nur ein paar Dutzend Informationen pro Sekunde verarbeiten kann. Der Elefant steht für dein Unbewusstes mit seiner gefühlsbetonten Ebene, riesigem Erfahrungsschatz und dem enormen Potential, Informationen zu verarbeiten.

Das große Rüsseltier und sein Aufsitzer sind ein geniales Team. Unschlagbar, wenn beide einer Meinung sind und wissen, was sie wollen. Dann erfährst du „bauchmäßige" und rationale Übereinstimmung, fühlst dich wohl, befindest dich im „Flow" und nichts scheint dich aufhalten zu können.

Problematisch wird es, wenn Elefant und Reiter sich nicht einig sind, wohin die Reise gehen soll. Scheinbar vernünftig (rational) klingende Argumente fühlen sich dann trotzdem irgendwie falsch an oder eine nicht erklärbare Hemmung tritt ein. Auch eine Art von „Protest" ist manchmal zu spüren. Vielleicht kennst du auch den berühmten „Sonntagsblues", wenn du an die kommende Arbeitswoche denkst oder das flaue Gefühl im Magen bei der einen oder anderen Situation. Kein Problem: *Wir sind in unserem Leben eben nicht immer bei „Wünsch Dir was" sondern bei „So isses"* wie meine Mutter dann oft zu sagen pflegte.

Solltest du deinem Elefanten jedoch regelmäßig Dinge und Aktionen gegen seinen Willen aufzwingen, wird der Protest größer und vehementer. Irgendwann, je nach Dauer und Intensität des Missfallens, kommen vielleicht sogar körperliche Symptome zum Vorschein, wie z.B. Magendruck, Globusdruck (der berühmte Kloß im Hals) oder Rückenschmerzen treten auf. Der Volksmund kennt diese Symptome schon lange: *Das ist ihr auf den Magen geschlagen* oder *Das trägt er auf seinem Rücken aus* sind altbekannte Weisheiten. Wird dem Elefanten dann immer noch keine Aufmerksamkeit geschenkt, steigert sich sein Widerstand, bis das Tierchen vielleicht sogar beschließt, stehen zu bleiben und keinen Meter mehr weiterzugehen. Dieser Maximalwiderstand kann sich dann in einem Burnout oder vielen anderen Formen der mentalen, seelischen und/oder körperlichen Erschöpfung ausdrücken. Der Elefant hat offenbar eine ganz eigene Vorstellung davon, wie man mit ihm umzugehen hat.

Diese lässt sich vereinfacht auf zwei Tendenzen reduzieren: „Hin-zu" (Attraktiv) oder „Weg-von" (Vermeidung). Wenn du ihm zu viele „Weg-von´s" zumutest, wird er entsprechend reagieren: Stress, Langeweile, Frust, Unwohlsein, Schmerz sind dann seine Antwort. Bei „Hin-zu´s" hingegen blüht er auf und signalisiert Wohlbefinden, Genuss, Selbstwertsteigerung, Geborgenheit oder Sicherheit.

Sein Maßstab für diese Tendenzen liegt in deiner Veranlagung (die berühmten Gene), und in den bereits gemachten Erfahrungen deines Lebens begründet, dessen Hüter und Bewahrer der Elefant ist. Wie einen riesigen Karteikasten verwaltet er diese Erfahrungen, vergleicht die aktuelle Situation mit bereits vergangenen Erlebnissen und zieht seine Schlüsse daraus. Dieses Fazit wird dir dann signalisiert, z.B. als Gefühl im Bauch oder ein Bild im Kopf. Diese Signale gilt es wahrzunehmen und zu verstehen, denn in Worten kommunizieren kann der Elefant nicht. Dafür antwortet er unmittelbar und lernt sehr schnell. Er ist ferner ein Gemütstier und für ihn gilt: Sicherheit zuerst! Bloß keine riskanten Spielchen! Das sind seine Devisen und dabei generalisiert er auch mal gerne. So findet er sich in seiner

Welt zurecht und verbraucht dabei nicht zu viel Energie, denn die möchte er von Natur aus sparen.

Und der Reiter? Wie steht es mit ihm? Es wäre fatal, ihn nur als „Deko" zu betrachten, denn er ist der kreative Kopf des Teams. Er stellt Dinge in Frage und seine Neugierde treibt Wachstum und Entwicklung voran. Wenn beide an eine unwegsame Kreuzung des Lebens kommen, trägt der Reiter die Verantwortung und kann seinen großen Kumpel unter sich auch mal beruhigen, wenn dieser wieder zaudert. Wird die Situation positiv gemeistert, beginnt ein vertrauensvolles Verhältnis auch in schwierigen Situationen, denn der Elefant lernt, seinem Reiter zu vertrauen.

Ich weiß, dass diese Metapher stark vereinfacht und sicher auch etwas überstrapaziert. In Coachings habe ich in den letzten Jahren aber immer wieder Aha-Momente bei Klienten erlebt, die mir bei späteren Treffen berichteten, dass ihr Elefant eine getroffene Entscheidung besonders gut fand und sie ihn förmlich vor sich sahen, wie er zufrieden den Weg mitgeht.

Weil ich so etwas immer wieder erfahren habe, liegt mir eine Sache sehr am Herzen: Achte auf deinen Elefanten! Pflege ihn, dann wird sich dein Team Reiter/Elefant als unschlagbar erweisen. Das ist in dieser „verkopften" Welt bitter nötig, wo der Elefant trotz aller aktuellen Strömungen immer noch zum Mythos erklärt wird und nur der Reiter als Krone der Schöpfung gilt. Die Wahrheit ist, dass wir weder mit dem einen noch dem anderen alleine klar kommen oder glücklich werden. Erst beide machen uns zum ganzen Menschen.

Wenn du mehr darüber wissen möchtest, kannst du dich mittlerweile aus einem riesigen Wissenspool bedienen. Meine Empfehlung sind neben Jonathan Haidt Autoren wie der „Altmeister" Hoimar von Ditfurth oder Gerald Hüther. (Weiterführende Literatur am Ende des Buches.)

 # Der Reiter & der Elefant

Die Ratio (der Reiter)

- gibt den Wünschen Gestalt und Plan
- kann Dinge erzwingen, sollte diesen „Kredit"
  aber nicht dauerhaft in Anspruch nehmen
- hat als Aufsitzer die Zügel in der Hand
- kann mit dem Elefanten ein unschlagbares
  Team werden!

Das Unbewusste (der Elefant)

- verwaltet den Karteikasten der Erfahrungen
- bewertet diese Erfahrungen
- entscheidet durch „Weg-von" oder „Hin-zu"
- spricht in Emotionen
- kann mitunter störrisch sein

3. Das Eisenhower-Prinzip

Was passiert eigentlich, wenn ich eine Aufgabe nicht sofort erledige oder diese nicht von mir persönlich bearbeitet wird?

Der ehemalige General und spätere US-Präsident Dwight D. Eisenhower mag sich diese Frage wohl öfter gestellt haben, wenn er seinen prallvollen Schreibtisch ansah. Er drückte sein Dilemma einmal in einer seiner Reden folgendermaßen aus: *„Ich habe zwei Arten von Problemen, die dringenden und die wichtigen. Die Dringenden sind nicht wichtig, und die Wichtigen sind niemals dringend.“*

Okay, malen wir einmal ein Quadrat auf ein Blatt Papier, ziehen ein Kreuz hinein und in den vier Quadranten schreiben wir folgendes:

wichtig und dringend	wichtig, nicht dringend
nicht wichtig, dringend	nicht wichtig, nicht dringend

Voilá. Eine Priorisierungs-Matrix liegt auf dem Tisch. Der Unterschied, was wichtig und was dringend ist, will nun herausgefunden werden.

Wichtig ist alles, was einen „Impact" erzeugt, also dich oder dein Projekt sinn- und wirkungsvoll weiterbringt.

Dringend sind hingegen schlicht Deadlines oder fixe Termine. Je näher im Terminkalender, desto dringlicher.

Also: Wenn du eine Aufgabe mit großem Impact und nahem Termin vor dir liegen hast, dann hat diese Aufgabe für dich höchste Priorität. Sie ist wichtig und dringend.

Erst dann reihen sich die anderen Tätigkeiten ein: Aufgaben mit weniger Zeitdruck, die aber deine Projekte voranbringen, also wichtig, aber nicht dringend sind, werden mit Priorität Zwei erledigt.

Dann noch der Alltagskram, der täglich gemacht werden muss, also keinen Impact erzeugt, aber eben dringend notwendig ist. (Morgens die Bürotür aufschließen wäre wohl zu Arbeitsbeginn ganz praktisch, Post versenden auch, etc.)

Zu guter letzt das, was nicht wichtig und nicht dringend ist… na, das kann dann ja wohl weg - Stop. Warte mal.

Viel wurde bereits über das Eisenhower-Prinzip geschrieben, und in fast allen Ratgebern dazu findest du die Meinung, dass Inhalte im vierten Quadranten „nicht wichtig und nicht dringend" in den Papierkorb befördert werden können. Hm, ja. Dann hättest du wieder mehr Zeit für die anderen drei Quadraten oder schaufelst dir Zeit frei. Aber wie wäre denn folgender alternativer Ansatz zu Quadrant Vier: Du lässt ihm seine Berechtigung, reservierst ihm sogar Zeit ein, um schlicht eines zu tun: Nachzudenken.

Er könnte sich zu einem der wichtigsten Quadranten für dich entwickeln, denn hier darfst du dir Zeit nehmen, um zu reflektieren, zu sinnieren, Visionen und Ideen zu entwickeln, Gedankenspiele zu haben und deinem geistigen Horizont im Alltag die Weite geben, die er braucht, um (geistiges) Wachstum stattfinden zu lassen. Hier sammelt sich dein Treibstoff für Innovation!

Nicht ohne Grund kommen viele Ideen morgens im Bett oder unter der Dusche, weil man sich dort noch treiben lassen kann. Ich persönlich notiere dann meist direkt nach dem Duschen diese Dinge als Reminder auf meinen Flipchart. Es ist nämlich ein Unterschied, ob du am Schreibtisch produktiv die Arbeit „wegschaffst" oder Ideen produzierst, die dir vorher noch nicht in den Sinn gekommen waren und erst durch die Möglichkeit der geistigen Weite „produziert" werden konnten. Neben der reservierten Zeit ist oft auch ein Ort abseits des produktiven Schreibtisches, auf dem noch unerledigte Dinge liegen, hilfreich.

Dinge wie Originalität und Kreativität geben dir übrigens auch die Möglichkeit, nützliche von unnützen Aktionen zu trennen, da du es ja vorher bereits schon einmal durchdacht hast. Die Chance auf zukünftige Zeit-, Geld- und Energie-ersparnis bei maximaler Ideenausbeute kann also immer dann stattfinden, wenn du ganz „unwichtig" und ohne Zeitdruck aus dem Fenster schaust.

Wenn du demnächst so einen Zeitgenossen bei dieser Tätigkeit beobachtest, erinnere dich daran, dass dieser vielleicht gar nicht faulenzt sondern sehr aktiv die Geschicke seiner Zukunft plant und lenkt.

 # Priorisieren mit dem Eisenhower-Prinzip

Wichtig und Dringend:
Schnelles Handeln ist erforderlich

Wichtig aber nicht Dringend:
Dinge ohne Zeitdruck, aber sie bringen deine Projekte voran

Nicht Wichtig aber Dringend:
Alltagkrams, der täglich gemacht werden muss

Nicht Wichtig und nicht Dringend:
Sachen für den Papierkorb…

…oder der wichtigste Quadrant? Hier darfst du nachdenken, brainstormen, Gedankenspiele haben, Innovativ sein. Hier findet Wachstum statt!

4. Der Dunning/Kruger Effekt

Seit das Internet mit all seinen Vor- und Nachteilen die Welt beherrscht, gibt es besondere Phänomene, welche wie ein Riesenfass alle möglichen Strömungen gesellschaftlicher und politischer Natur einsammeln und in Form von Tweets, Posts, Blogs und Kommentaren aller Art wieder ausspucken: Die sozialen Medien. Wie stehst du zu ihnen? Sind sie dir egal oder brauchst du sie wie die Luft zum Atmen?

Es gilt in jedem Fall eine Sache gut im Auge zu behalten: Neben all den interessanten, lustigen und informativen Dingen und dem virtuell-geselligen Austausch gibt es darin leider auch -sorry- jede Menge Schwachsinn zu finden. Wirre Behauptungen, Halbwissen oder mitunter auch plumpe Beleidigungen prägen diese Plattformen und lassen dich hoffentlich sorgfältig auswählen, wo und in welcher Form du dich online aufhältst. Denn so etwas färbt durchaus ab, kann einem die Stimmung verhageln oder sich in Dinge rein-steigern lassen. Ich habe es an mir selbst schon erlebt und als Konsequenz einige Apps von meinem Smartphone verbannt.

Hauptgrund dieser Negationen sind meiner Meinung nach Menschen, die (oft im Schutze der Pseudonymität) ihren alltäglichen Senf zu ALLEM geben, sei es noch so trivial, und zwar nach der Devise: Wenig Ahnung - viel Meinung.

Anstrengend ist, dass sich diese Zeitgenossen für besonders schlau halten. Ihr Ego scheint unendlich groß und es ist egal, welches Thema am Start ist: Von der großen Weltpolitik bis zum Belehren wie man denn einen Dreibein-Grill mit weniger Schrauben als in der Anleitung vorgesehen aufbaut, gibt es wirklich alles, wozu sich geäußert wird. Oftmals morpht sich diese Spezies „Alleswisser" dann zu Bundestrainer, Gesundheitsexperte, Armeegeneral, IT-Fachmann und weltbester Autofahrer in einem.

Nebenbei gibt es dann noch diejenigen, die meinen, alle anderen haben keine Ahnung, man hat das alles ja schon vor Jahren kommen sehen und selbstverständlich ist das alles die Vorbereitung für die Übernahme der Weltordnung durch eine mysteriöse Elite, die uns alle fernlenken und versklaven will. Also werden wirre Thesen verbreitet und Verschwörungstheorien diverser Arten geschwurbelt. Diese Ausuferungen können genauso wie bewusste Verzerrungen, Fake-News oder gezielte Shitstorms als Massenphänomen durchaus gefährlich werden. Sie beeinflussen Wahrnehmung und Verhalten von Menschen. In der Spitze dienen sie sogar als Hilfsmittel, um ganze Wählergruppen zu manipulieren oder „alternative Fakten" zu schaffen, die soziale Gefüge empfindlich destabilisieren können.

Was aber die Gruppe der „wenig Ahnung- viele Meinung" Mitmenschen angeht, gibt es dazu eine Vielzahl von Erklärungsversuchen. Für mich sticht ein Erklärungsansatz besonders heraus: Die Herren David Dunning und Justin Kruger, beides Psychologen aus den USA, haben sich obigen Auffälligkeiten, die man natürlich nicht nur in den sozialen Medien findet, bereits Ende der 90ziger gewidmet und als den nach ihnen benannten „Dunning Kruger Effekt" beschrieben. Zusammengefasst führt dieser Effekt dazu, das Betroffene ihre Inkompetenz nicht (an-)erkennen und es im Gegenteil zu einer Selbstüberschätzung der eigenen Fähigkeiten führt. Im Gegenzug werden die Kompetenzen anderer herabgestuft bzw. verkannt. Bemerkenswert ist mir während meiner Recherche zu diesem Thema aufgefallen, das sich viele Quellen im Netz zwar mit diesem Effekt beschäftigen, aber zu unterschiedlichen Interpretationen kommen. Wirkt Dunning/Kruger etwa schon beim Schreiben darüber? Spooky! Was mir ferner während meiner Recherche aufgefallen ist: Auch ich leide hier und da unter diesem Effekt. Falls dir also etwas in dieser Richtung auffällt, schreibe mir bitte. Ich möchte gerne Einsicht in meine Unzulänglichkeiten gewinnen. Das scheint gemäß Dunning/Kruger nämlich Gott sei dank möglich zu sein. Ich nahm mir also die ursprüngliche Veröffentlichung der beiden Herren zur Hand und fand dort vier beschriebene Merkmale:

- die eigenen Fähigkeiten und Kompetenzen werden von den Betroffenen stark überbewertet oder zumindest fehleingeschätzt

- Fähigkeiten und Kompetenzen anderer werden hingegen nicht (an-)erkannt oder fehleingeschätzt

- die eigene Unfähigkeit wird nicht wahrgenommen, der mangelhafte Einblick in das eigene Leistungsniveau führt dementsprechend zu Ignoranz gegenüber anderen Kompetenzträgern oder Wissensquellen und diese werden dann eben auch nicht genutzt

- es besteht jedoch der Hoffnungsschimmer, das auch Betroffene durchaus lernfähig sind, und diese Hoffnung möchte ich mit einem übersetzten Zitat aus dem Original von Dunning/Kruger zitieren, welches mir so herrlich im Kopf verkantete: *„Inkompetente Menschen können Einsicht in ihre Unzulänglichkeiten gewinnen, aber dies* *geschieht (paradoxerweise) dadurch, dass sie kompetenter werden und so die metakognitiven Fähigkeiten erlangen die notwendig sind, um zu erkennen, dass sie eine schlechte Leistung erbracht haben."*

(Aus dem Englischen übersetzt, die Quelle findest du im Anhang.)

Man trifft diese Klientel nicht nur im Internet, sondern auch im privaten oder beruflichen Umgang. In Teams gibt es oft den einen „Klugschnacker", wie es bei uns im Norden heißt, oder Führungskräfte, die weit weg von der tatsächlichen Praxis sich als Experte bezeichnen, mit gefühltem Wissen agieren, nur Überschriften kennen, jedoch bei dem „ersten Gegenwind" vollkommen überfordert sind. Es wird dann z.B. irgend etwas Schlaues zitiert, auf konkrete Nachfragen folgen als Antworten dann aber oft Allgemeinplätze oder es wird ausgewichen. Das ist anstrengend und lässt Albert Einstein verstehen, der einmal gesagt haben soll: *„Der Hauptgrund für Stress ist der tägliche Umgang mit Idioten."*

Was tun?

Meiner Meinung nach hilft nur Beharrlichkeit in Form von ehrlichem Feedback, Fakten, Fakten, Fakten und einem gewissen Aushalten der Situation, bis derjenige selbst an seinen Grenzen scheitert oder höflicher ausgedrückt: Diese Grenzen anerkennt. Achja, „Love it, change it, leave it" geht auch (siehe entsprechendes Kapitel in diesem Buch). Aber man will ja nicht immer gleich aufs Ganze gehen.

Kann man dem Dunning/Kruger Effekt denn überhaupt irgend etwas Positives abgewinnen?

Nun, eine gewisse Form von „Unbedarftheit" kann ja auch durchaus nützlich sein.

Gerade in Gruppen, wo stets endloses Abwägen und zaghaftes Verhalten auftritt, der Fokus nur auf Risiken ausgerichtet ist, so dass man nicht ins Handeln kommt, kann ein frisch-fröhlich-freier Dunning/Kruger Betroffener oft Dinge ins Rollen bringen, indem er sie einfach macht. Er geht Dinge an, redet in Gesprächsrunden selbstbewusst von neuen Möglichkeiten und bewegt etwas.

Das Risiko des Scheiterns kommt ihm nicht in den Sinn. Das kann durchaus erfrischend sein. Nur klappen sollte es dann auch.

Damit es klappt, braucht es dann in so einer Gruppe eine Person, die den Hut auf hat und erkennt - und hier schließt sich der Kreis wieder -, dass hier ein Dunning/Kruger Betroffener mitwirkt. Dann hat der Betroffene die Chance kompetenter zu werden und die Gruppe oder das Projekt etc. landet nicht im Chaos.

Vom „Dunning Kruger Effekt" Betroffene…

- sind oft Hobby-Virologen, Wirtschaftsweise, Bundestrainer und Generale in einem

- tun sich schwer mit lernen, denn sie wissen ja schon alles

- können schwer zwischen Meinung und Wahrheit differenzieren, denn es fehlt ihnen an Wissen und Kontext

- lieben es, nur die Überschriften zu lesen

5. Askese vs. Konsum

Meine Frau und ich wohnen in einer kompakten Zwei-Zimmer Wohnung mit 47 Quadratmetern.

Wir wollten einfach mal vor ein paar Jahren ausprobieren, ob das geht. Die Gründe dafür erschienen uns sinnvoll: Weniger Kosten, mehr Freiheiten, Verbesserung des ökologischen Fußabdrucks, flexiblere Lebensgestaltungen und generell „leichtes Gepäck".

Gut, muss man mögen.

Auch wir waren uns nicht sicher, ob wir das schaffen und haben uns einen Plan B überlegt, falls wir merken, dass wir uns nur mit leichtem Gepäck unwohl fühlen. Plan B wird allerdings seit Jahren nicht angerührt, denn das Projekt „47 qm" funktioniert prima.

Es bedarf allerdings durchaus eines gewissen Einfalls-reichtums, um einige Dinge und Standards aus Platzmangel zu kompensieren und die Disziplin, das dann auch aus- und durchzuhalten.

So leben wir mit einem ziemlich schmalen Kleiderschrank. Einen Geschirrspüler oder repräsentativen Kaffeevoll-automaten sucht man bei uns vergeblich und viele Dinge wie Blue-Rays oder Musikalben gibt es nur in digitaler Form in der Cloud (bis auf ein paar „Schätze").

Leben wir damit schlechter als andere? Wir empfinden es nicht so und haben Dinge, die wir ganz toll finden, jenseits kommerzieller Güter: Weniger Verantwortung, dafür Blick auf die für uns wesentlichen Dinge und viel mehr Zeit.

Seien wir doch mal ehrlich: Viele Dinge, die wir uns im Laufe unseres Lebens zulegen, sind überflüssiges Gepäck. Wie viele Pfannenwender liegen in der Küchenschublade? Wie viele Paar Schuhe im Schrank? Klamotten, Dekokrams, Tischdecken, Kaffeeservices, Milchaufschäumer, Bluetoothboxen, das immer aktuelle Smartphone mit noch mal mehr Pixelauflösung, obwohl das alte noch tadellos funktioniert, aber jetzt in die Schublade zu den Modellen seit dem Nokia 6110 wandert. Noch schnelleres Internet bis hin zu den großen „Kloppern" wie mehrere Autos unter dem Carport oder diverse große Luxus-Grills auf der Terrasse.

Auch ich ertappe mich regelmäßig beim Betrachten der einen oder anderen Anschaffung und buche sie unter der Rubrik: „Inhaltsleerer und sinnloser Reichtum". Dafür arbeite ich also? Der Preis all dieser Dinge sind nicht nur die Euro, die schnell über die Kreditkarte den Besitzer wechseln, sondern auch die Zeit, die es mich kostet diese Euro zu verdienen und natürlich die Zeit, sich um diese Dinge zu kümmern. Zeit ist bekanntlich sehr fair verteilt: Jeder von uns hat exakt 24 Stunden pro Tag. Wie möchten wir diese für uns nutzen?

Bitte verstehe mich nicht falsch: Es ist wunderbar, wenn jemand es erfüllend findet, nach Feierabend im Garten oder Hobbykeller zu arbeiten, zu grillen und am Wochenende den Rasen zu mähen, aber wenn man sich einmal umguckt, scheinen einige Mitmenschen ihre kostbare Zeit nicht wirklich dahingehend investieren zu wollen. Es kommen dann Steinvorgärten (*„so schön pflegeleicht!"*) oder Mähroboter (*„ich habe keine Zeit fürs Rasenmähen!"*) zum

Vorschein. Wäre es spätestens jetzt nicht überlegenswert, diese Statussymbole gegen die Stunden, die dafür gearbeitet wurden, einzutauschen und die Zeit anders zu nutzen?

Da ich mich hier gerade so schön reinsteigere: Was heißt denn Reichtum in Bezug auf die vermeintlichen Basics unseres Lebens, die sogenannten alltäglichen Dinge?

Ich drehe an einem Knauf und die Bude wird mollig warm. Ich schiebe einem Hebel hoch und sauberes Trinkwasser fließt. Ich drücke einen Schalter und Licht geht an. Ich habe einen E-Herd und kann mir jederzeit Nahrung zubereiten.

Selbstverständlich?

- Über drei Milliarden Menschen in der Welt kochen und heizen in offenen Feuerstellen und Öfen mit Holzkohle oder Dung.

- Über eine Milliarde Menschen leben ohne Elektrizität.

- Rund 2,2 Milliarden Menschen haben keinen nachhaltig sicheren und sofort verfügbaren Zugang zu Trinkwasser.

(Die jeweiligen Quellen findest du im Anhang)

Machen wir uns nichts vor: Wir sind privilegiert. Wir sind reich. Aber anstatt das für einen Moment demütig anzuerkennen und einen Gang runterzuschalten, geht der Wahnsinn am Konsumhimmel weiter. Ebenso wie die Schnelllebigkeit, das Anspruchsdenken, das Selbstoptimieren und ewiges Vergleichen mit anderen. Wir filmen unser Leben wie bei einem Livekonzert über das Smartphone aber anstatt es mit allen Sinnen zu erleben und den Moment zu genießen, schauen wir lieber durch das Display. Häufig nur um anderen zu zeigen, dass wir dort waren.

Sieht so echtes Erleben aus?

Die Schattenseiten dieser Strömungen sind folgerichtig ein permanenter Leistungsdruck, Performancepflichten, übertriebene Erwartungshaltung, stets perfektes „Aussehenwollen", und enden nicht selten in Schlafstörungen, Versagensängsten oder Burnout, mittlerweile auch schon bei jungen Menschen.

Wie wäre es stattdessen mit etwas Askese, also freiwilliger Enthaltsamkeit und Verzicht zugunsten einer bewussten Neuordnung unserer Bedürfnisse und wirklich wichtigen Dingen?

Wir könnten alle schon heute sorgsam und ohne Risiko damit anfangen, etwas zu verändern. Jedes kleine Bisschen hilft in Sachen bewussteres Leben und innerer wie äußerer Freiheit. Vielleicht lernen wir uns alle dann ein wenig zu zähmen und definieren unsere Bedürfnisse einmal neu.

Helfen kann z.B.

- eine Bewusstmachung, dass die vermeintlichen Selbstverständlichkeiten bzw. eine Billig/Gratismentalität am Ende auch irgendwo von jemandem bezahlt und erwirtschaftet werden muss

- ein echtes Hinterfragen von Notwendigkeiten und Anschaffungen

- das „Brechen des Preises": Wenn mein Haus 20% kleiner geplant ist, kostet es weniger und ich muss weniger arbeiten um es zu finanzieren, habe weniger Aufwand es aufzuräumen, es zu putzen, zu reparieren und habe mehr Zeit, den Garten zu genießen, meine Hobbys zu pflegen oder einfach für meine Familie da zu sein etc.

- das 90% von 100% oftmals ausreichen. Ist der Aufwand für die letzten 10% die Sache wirklich wert?

- Hauptsache anfangen!

Es muss ja nicht gleich die harte Tour sein wie bei dem großen Thomas A. Edison, der einmal durch einen Brand all sein Hab und Gut verlor. Sein überlieferter Kommentar noch während des Brandes:

"Es ist alles in Ordnung. Unsere ganzen Fehler verbrennen dort gerade und wir können nochmal ganz neu beginnen. Ich bin zwar 67 Jahre alt, aber ich werde morgen neu anfangen!"

༼ Askese –
༼ All you need is less

Ausgewogene Askese bedeutet:
- ein angestrebter Ausgleich von Geist,
  Seele, Körper und Umfeld
- das Lebensbejahung auch mal ein „NEIN"
  zu Dingen oder Menschen in deinen Leben
  benötigt
- (Konsum-)verzicht, welcher dein Leben
  positiv beeinflusst

Ausgewogene Askese bedeutet nicht:
- Selbstaufgabe oder Bußübung
- Aufgabe von Leidenschaften
- starre Konzepte und alles einem
  höheren Ziel unterordnen (Dogma)

6. Innere Landkarten

Du bist einzigartig, glaub´ mir.

Nicht nur, weil du eine Geburtsurkunde oder Ausweis besitzt, der den behördlichen Identifikationsmerkmalen genügt, nicht nur weil deine Erbanlagen dir ein einmaliges Muster gegeben haben, eingebettet in den bewährten „Bauplan Mensch", sondern auch weil du von Tag Eins deines Lebens an ganz individuelle Erlebnisse und Erfahrungen machst.

Trivial? Es scheint so. Aber die deutlichere Bewusstmachung dieses Umstands würde unserer Spezies eine Menge Ärger ersparen, insbesondere in Sachen Kommunikation untereinander.

Jeder deiner entscheidenden Lebensschritte wird aufmerksam von deinem Gehirn registriert und fein säuberlich abgespeichert. Bewusst kommst du jedoch nur an einen kleinen Teil dieses „Karteikastens" heran. Der überwiegende Teil wird unbewusst „verwaltet" (siehe dazu auch: "Von Reitern und Elefanten"). Es entsteht eine Art mentales GPS, das dir in deinem Leben Orientierung bietet. Du greifst auf diese innere Landkarte zurück, um dich an deinen angelegten Leitlinien und Bojen entlang zu hangeln. Ein persönliches Navigationssystem, das dir hilft, dich in der Welt zurecht zu finden, bzw. ein Kompass, auf dem du alle wichtigen Informationen über dein Leben vermerkst: Erlebnisse, Erfahrungen, Emotionen und darauf basierend deine Werte und Glaubenssätze. Das Ganze kann als ein Konzept betrachtet werden, wie du dein Leben erfährst und interpretierst, wie du deine individuellen Erfahrungen in der

Welt darstellst und verstehst. Die innere Landkarte als Teil deiner persönlichen Identität, die eine Art "mentale Heimat" darstellt, in der du dich gut auskennst.

Der Ingenieur und Autor Alfred Korzybski schrieb in seinem Werk „Science and Sanity" dazu folgenden bemerkenswerten Satz:" *Die Landkarte ist nicht das Territorium, aber wenn die Landkarte der Struktur des Territoriums ähnlich ist, ist sie brauchbar.* "

Im NLP, einer Art Konzeptsammlung mit Schwerpunkten in Sachen Wahrnehmung und Kommunikation, gilt das Modell der inneren Landkarte als eine der Vorannahmen, wie u.a. Erfahrungen verarbeitet werden.

Folgt man diesem Modell, heißt das:

- Generalisierungen sind nützlich, um sich schnell und effizient „da draußen" zu orientieren

- Das Gehen auf bekannten Pfaden gibt Sicherheit, ist energiesparend und bequem

- Durch wiederholtes Gehen dieser Pfade werden Sichtweisen auf das Gebiet verstärkt

- Belohnungen und Bestrafungen lassen ein „Hin-Zu" oder ein „Weg-von" entwickeln, und sorgen so für gut oder für schlecht empfundene Pfade

- Das eigene Bild von der Welt verfestigt sich, je mehr Erfahrungen gesammelt werden, die mit dem inneren Selbst- sowie äußeren Weltbild übereinstimmen

Es sorgen also diverse Wahrnehmungsfilter dafür, das deine Wahrnehmung nicht die Welt „an sich" exakt widerspiegelt, sondern eine Repräsentation dieser Welt, die du dir mit deinem Geist erschaffst.

Eine subjektive Konstruktion.

Dein Gehirn ist demnach kein Organ, das dir reale Erkenntnis verschaffen soll, sondern dein Überleben sichert. Das ist sein Job.

Dieser Unterschied führt mitunter zu Problemen in der Interaktion und Kommunikation mit anderen Menschen. Dein Gegenüber hält seine eigene Landkarte natürlich auch für bewährt und richtig, in mancher Übersteigerung vielleicht sogar für einzig richtig. Andere Landkarten sind ihm verständlicher Weise fremd, können ihn mit anderen Lösungswegen irritieren oder sogar stressen. Dein inneres „Navi" bestätigt dir derweil, dass deine Gebietskenntnisse natürlich weiterhin wahr und vollständig sind.

So wird die Situation schwierig, da beide Seiten unterschiedliches „Kartenmaterial" besitzen und/oder auf ihr veraltetes Kartenmaterial zurückgreifen. In bisheriger Unkenntnis oder gar Ablehnung gegenseitiger Landkarten entstehen dann mitunter Wände, gegen du oder dein Gegenüber (gegen an-)rennst, immer wenn ihr miteinander kommuniziert.

„Die Schuld hat natürlich der andere. Wie kann er es wagen, eine andere Sichtweise als ich zu haben und damit im Leben auch noch klarzukommen?" (Ein ironisches Zitat einer meiner Klienten).

Im Leben gibt jedoch es keine richtigen oder falschen Landkarten. Es gibt allerdings nützliche und sagen wir mal, ehemals nützliche Wegweiser.

Halten wir fest:

Um in Einklang mit dir selbst und anderen da draußen umher zu spazieren, solltest du deine Landkarte daher durchaus auch mal selbst in Frage stellen, dich auf neue Sichtweisen einlassen und die damit verbundenen Entwicklungs- möglichkeiten nutzen.

Um die Landkarte deines Gegenüber besser zu verstehen, braucht es hingegen Neugier, Respekt gegenüber dem „fremden Gebiet" und Wertschätzung seines Inhabers. Läuft alles gut, entsteht echte Empathie und dir wird „Zugang auf sein Gebiet" gewährt.

Deine
Innere Landkarte

- steht für deine ganz eigene Sicht auf die Dinge

- bildet sich durch deine Erfahrungen, Werte, Glaubenssätze

- ist nicht immer identisch mit der Wirklichkeit

- ist manchmal „Flügel" oder „Mauer" für dich

Empathie - was ist das?

Empathie ist:
- Aufmerksamkeit im Hier und Jetzt
- Präsenz - ohne Druck oder Lenkung
- Brücke zu den Emotionen des Gegenüber

Empathie ist nicht:
- Mitleid, Trost oder gar Ratschlag
- keine Frage des „Tuns" oder „Gebens"
- Analyse oder Ermutigung

7. SMART Ziele definieren

Ziele, Ziele, Ziele...kommt es dir auch manchmal aus den Ohren raus?

Immer hörst du, das Ziele so wichtig sind und dir erst Sinn im Leben verleihen. Warum eigentlich? Du kannst doch auch in den Tag hineinleben, Dinge auf dich zukommen lassen, spontan bleiben und dich nicht festlegen.

Es kommt wohl darauf an, in welchem „Modus" du dich gerade befindest.

Möchtest du dich entspannen, deinen Akku wieder aufladen, runterkommen und Ruhe finden, dann brauchst du keine Ziele, dann strebst du einen Zustand an, der für sich genommen keine Anforderung an dich stellt. Nichts wird gesucht außer einem ruhigen Plätzchen - auch in dir selbst. Sehr wichtig! Denn auch ein Spitzensportler braucht seine Ruhezeiten und trainiert nicht 365 Tage im Jahr.

Spannst du aber gerade deinen Bogen, möchtest deine Energie wieder auf etwas lenken, hast du Lust auf mehr, dann würde diese wertvolle Energie ohne ein sinnvolles Ziel verpuffen und hat für dich keinen Nutzen - oder noch schlimmer: sie richtet sich gegen dich selbst oder andere, du wirst kontraproduktiv, aggressiv, zynisch und am Ende vielleicht sogar deprimiert.

Also - ein Ziel hat den Sinn, deinem Tun "Sogkraft" zu verleihen. Ist es vorteilhaft für dich, stimmen die Maßstäbe und passen zu deinen Werten, dann gibt es oft kein Halten mehr. Hier ist es nun wichtig, dieser Sogkraft etwas Richtung zu verleihen, damit die Räder nicht durchdrehen oder ins Schlingern geraten. Hierzu sind folgende Leitplanken zur Formulierung des Ziels nützlich:

S – Spezifisch
Dein Ziel sollte genau und konkret sein, also auf einen neuen Umstand bezogen, den du schon jetzt möglichst genau beschreiben kannst.

M – Messbar
Wichtig sind hier Zutaten wie z.b. konkrete Prozente, absolute Zahlen oder ein sonstiges für dich messbares Kriterium.

A – Attraktiv oder Akzeptiert
Hier muss „emotionale Ladung" rein! Am besten ein kräftiger Schuss Herzblut. Du musst das Ziel wirklich erreichen wollen und dafür auch bereit sein (mit dir selbst) zu kämpfen. Im beruflichen Kontext übersetzt man das A aus SMART auch häufig mit „Akzeptiert". Das Ziel muss von allen Beteiligten angenommen werden, sonst hat man schnell mehr Gegner als Mitstreiter in dem Projekt zur Zielerreichung.

R – Realistisch
Dieser Punkt geht auf den vorherigen Punkt ein: Realistische Zielvorgaben werden besser akzeptiert und motivieren dich erheblich stärker. Unerreichbare Ziele hingegen (zehn Kilo abnehmen in zwei Wochen) bremsen dich aufgrund von Unmöglichkeit oder mangelnder Ressourcen wie z.B. Zeit, Geld, Kraft und erzeugen eher Demotivation.

T – Terminierbar

Am besten klappt es mit der Nennung einer Zeitangabe (*„bis zum 31.Dezember*). Getreu dem Motto: Jedes Projekt hat einen Anfang und ein Ende. Sollte dies nicht möglich sein, dann beschreibe auf jeden Fall den Endzustand des Ziels.

(*„bis ich 3 kg abgenommen habe.“*)

Was für dich persönlich auf den ersten Blick stringent und logisch erscheinen mag, ist im beruflichen Alltag und in vielen Unternehmen jedoch eine echte Herausforderung, denn es fehlt oft ein wichtiges Bindemittel zwischen den SMART-Stufen: Saubere Kommunikation.

Das Fehlen einer sorgfältigen und allen Beteiligten verständlichen Kommunikation über das, was das eigentliche Vorhaben ist und was es so mit sich bringt, birgt Gefahren. Wenn hier nicht genügend Zeit und Sorgfalt seitens der Verantwortlichen (Geschäftsführung, Projektleitung etc.) investiert wird, kann ein Projekt schnell zu einem teuren Ressourcengrab in Sachen Zeit, Kosten, Manpower und Qualität werden und es sorgt vor allem für sehr viel Frust.

Eine erfahrene Projektmanagerin sagte mir einmal dazu: *„Wenn wir vorne nicht sorgfältig genug denken und kommunizieren, dann fällt uns die ganze Chose hinten voll auf die Füße.“*

Trotzdem scheint es oft das Schwierigste auf der Welt zu sein, hier erstmal Zeit zu investieren - stattdessen wird munter drauflos geplappert, was es z.B. schon alles Tolles am Markt gibt (die neueste KI, Telefonanlagen, IT-Managementsysteme etc.), aber von einem eigenen konkreten Bestellzettel oder zumindest klarer Wunschliste (*„Warum machen und brauchen wir das eigentlich?“*) fehlt jede Spur. Man scheint ein Gespenst im Nebel zu verfolgen, und das Ganze gleicht immer mehr einem Abenteuer denn einem Projekt.

Akzeptiert man zu Anfang einen angemessenen Aufwand an Kommunikation und Bedarfsanalyse, dann kann SMART zu einer sehr verlässlichen Leitplanke, zum Erfolg eines Vorhabens oder Projekts werden. Der angemessene Aufwand, SMART zu definieren, ist die Zeit, die es braucht, hier wirklich sauber und konkret zu formulieren.

Ein smartes Ziel wird im beruflichen Kontext selten in zehn Minuten definiert. Häufig sind mehrere Bereiche beteiligt, der Punkt „Terminiert" hängt oft auch von der Zulieferung anderer (externer) ab, ob ein Ziel akzeptabel ist, sehen Team A und Team B vielleicht unterschiedlich usw.

Dennoch führen Transparenz, Struktur, Klarheit und Sicherheit zu planbaren Ergebnissen und somit zum Erfolg. Die Alternative wären hoher Aktionismus, Kosten, Risiken und unklare Ergebnisse, aber wer möchte das schon?

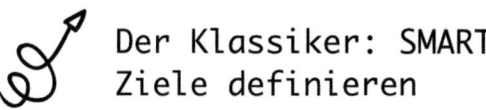

Der Klassiker: SMART Ziele definieren

S – Spezifisch
Ein genau und konkret beschriebenes Ziel

M – Messbar
Prozente, Zahlen oder ein sonstiges
messbares Kriterium

A – Akzeptiert
Ein kräftiger Schuss Herzblut! Man muss das
Ziel wirklich erreichen wollen und dafür
bereit sein (mit sich selbst) zu kämpfen

R – Realistisch
Realistische Zielvorgaben motivieren -
unerreichbare Ziele erzeugen Demotivation

T – Terminierbar
Konkrete Zeitangabe! Sollte dies nicht
möglich sein, dann auf jeden Fall den
geplanten Endzustand beschreiben

8. Ich-Zustände und die Mailbox

Mittlerweile achte ich in den letzten Jahren ernährungsmäßig mehr auf Lebensmittel, die mir gut tun und gesund sind. Okay, vor 30 Jahren war es mir egal, da hat auch mal eine Tüte Chips und eine Cola als Abendbrot herhalten müssen, aber heute spüre ich sehr schnell, wenn ich sündige. Mein Magen und Darm sagen dann *„Hallo?"*, die Konzentration lässt nach und von der Waage will ich gar nicht reden. Also habe ich mich in Sachen Ernährung etwas schlau gemacht und es lohnt sich. Es landen mehr „gute" Lebensmittel auf meiner Einkaufsliste und sind obendrein mein Stimmzettel in Bezug auf das, was ich mir im Angebot des Supermarkts wünsche, denn ich betrachte meinen Einkauf durchaus als „Voting" dafür.

Ein Voting in Bezug auf unsere heutige Kommunikationskultur halte ich ebenfalls für notwendig. Wieso wird bei unserem alltäglichen Austausch von verbalen und nonverbalen Signalen nicht ebenfalls viel mehr zwischen „gesund" und „ungesund" unterschieden?

Offenbar läuft hier noch etwas schief, denn nicht umsonst werden viele Gespräche im privaten Umfeld, in der Firma oder wieder mal in den sozialen Medien als „toxisch" empfunden und haben damit negative Auswirkungen auf die Art und Weise, wie wir uns selbst und andere wahrnehmen und behandeln. Dazu gehören übrigens auch Bevormundungen, Denkverbote, erzwungener Konsens, verordnete „Friedhofsruhe" z.B. nach Besprechungen, Happy Cheering *(„...alles so toll hier!")* oder das Vermeiden des „Thumb down", des „Daumen runter" als Gegenteil des „Gefällt mir-

Daumens". In einigen Unternehmen ist es mittlerweile sogar eingeschränkt, negative Punkte in Feedback-Gesprächen zu äußern, um Mitarbeitende nicht zu vergrämen. Ist das wirklich alles der Weisheit letzter Schluss? Oder nicht vielleicht eine völlig überzogene Interpretation des Mottos „Stärken stärken"?

Eric Berne, ein amerikanischer Psychiater, hat sich bereits in den 50ziger Jahren Gedanken zu dem Thema gemacht, wie wir miteinander umgehen. Er hat dazu einige Modelle und Konzepte entwickelt, die sich mit dem großen Kosmos der menschlichen Persönlichkeit und der zwischenmenschlichen Kommunikation befassen. Diese Konzepte, zusammengefasst als die sogenannte „Transaktionsanalyse", sind sehr aufschlussreich und mittlerweile Goldstandard, wenn man sich mit wertschätzender, ehrlicher und zielführender Kommunikation beschäftigen möchte.

Die Beschreibung der drei „Ich-Zustände" ist eines davon. Hier wird u.a. beschrieben, aus welcher Haltung heraus ich kommuniziere, z.B.

- bevormundend, korrigierend, fürsorglich (das Eltern ICH)

- rational, konstruktiv, fair, respektvoll, reflektiert (das Erwachsenen ICH)

- kreativ, spontan, verspielt, manchmal unsicher, manchmal trotzig (das Kind ICH)

Diese kurze Beschreibung ist selbstverständlich nicht umfassend und bildet nur einen kleinen Ausschnitt aus diesem großartigen Modell ab, soll uns aber erstmal genügen, denn bereits mit dieser kompakten Einsicht lassen sich in der täglichen Kommunikation viele Einsichten gewinnen:

Eine Bekannte von mir, Abteilungsleiterin bei einem großen Unternehmen und gestandene Frau mit klarer Kante, irritierte mich neulich mit der Ansage auf ihrer privaten Mailbox. Mit kindlich säuselnder Stimme hörte ich: *"Hallooo, hier ist Coriiinnaa!* (Name natürlich geändert) *Tjaaah, ich bin leider leider nicht persönlich zu erreichen, aber wenn DU mir eine liebe Nachricht hinterlässt, rufe ich ganz bestimmt zurück! Tschüüüühüüüs!"*

Das hatte ich ehrlich gesagt nicht erwartet. Ich fragte mich, in welchem gefühlten Alter sie wohl war, als sie diese Ansage aufnahm. Acht Jahre vielleicht? Oder Zwölf? Jedenfalls fiel es mir schwer, meine Nachricht nun mit gebotener Ernsthaftigkeit mitzuteilen und nicht ebenfalls in diesen „Singsang" zu fallen, was sicher wiederum irritierend für Corinna sein würde, denn bei mir war ihre Mailbox-Ansage ja noch unmittelbar im Kopf, für sie jedoch verständlicherweise nicht mehr präsent. Mein „Erwachsenen ICH" Zustand prallte also auf ihre „Kind ICH" Ansage und passte irgendwie nicht zusammen.

Unterschiedliche ICH-Zustände führen also manchmal zu Irritationen, erzeugen ggf. Missempfinden oder „Reibung". Noch verwirrender erschien mir dann übrigens ihr unmittelbarer Rückruf, der diesmal im sachlichsten und reinsten „Erwachsenen ICH" Modus stattfand und so gar nichts mit der Corinna zu tun hatte, die fünf Minuten vorher zu mir per Mailbox sprach.

Gleiche ICH-Zustände aller Beteiligten fanden hingegen am Abend davor statt, als ich mit einem Kumpel an der Spielkonsole zockte und wir beide unser „Kind ICH" rausließen - da wurde gejuchzt, geschimpft und gefeiert, wat herrlich! Vor allem, wenn man den ganzen Tag über nüchtern und rational im Job kommuniziert hatte.

Richtig spannend wird das Ganze dann, wenn sich die ICH Ebenen während des Gesprächs wandeln, dabei Argumente und Bedürfnisse nicht klar benannt bzw. „Platzhalter" herangezogen werden. Wenn meine Frau mit mir am Wochenende zum Einkaufen in die Stadt fahren möchte, kann ich zum Schein sehr rational argumentieren, dass ja auch noch die Terrasse geschrubbt werden muss, und ich daher wohl besser zuhause bleibe. Einer muss es ja machen! Aber ich opfere mich gern. Mein vorgeschobenes Verantwortungs-bewusstsein hat jedoch einen ganz anderen Grund: Ich habe keinen Bock auf eine stundenlange Shoppingtour und möchte lieber in der Zeit nach dem Schrubben ein Nickerchen machen.

Meist laufen diese Muster unbewusst ab, ohne dass sich die Gesprächspartner ihrer Auswirkungen wissend und be-einflussend bedienen. Und das ist okay, gehört es doch zu unserem Alltag und ist absolut menschlich. Wenn du dich in bestimmten Situationen jedoch auf diese Muster besinnst, kannst du entscheidend in die Qualität der Kommunikation eingreifen. Du kannst Gesprächen und Situationen nützliche Dynamik, Freude und Substanz verleihen oder sie scheitern und schlecht anfühlen lassen - alleine durch das Erkennen und Nutzen der ICH Zustände bei dir und bei deinem Gegenüber während des Gesprächs.

Was du erreichen möchtest, hängt dabei ganz von deinen (bewussten oder unbewussten) Motiven ab, hoffentlich immer edel, hilfreich und gut. Sollte dein Gesprächspartner jedoch der „dunklen Seite der Macht" anhängen, dich bevormunden wollen, kindlich anbetteln oder vermeintlich tugendhaft als Retter auftreten, dann helfen dir die Konzepte der Transaktionsanalyse, diese Form der Manipulation zu erkennen. Es ist eben wie alles im Leben: Nicht die Sache an sich ist gefährlich oder nützlich, sondern was du damit vorhast.

Transaktionsanalyse – ICH-Zustände

Drei Zustände in Bezug auf meine:

Gefühle - Gedanken - Verhalten
Kommunikation - Rolle - Motive

Eltern ICH:
bevormundend,
fürsorglich,
korrigierend

Erwachsenen ICH:
kritisch,
konstruktiv,
sachlich

Kind ICH:
kreativ,
angepasst,
rebellisch

9. Ein bißchen Werbung zwischendurch

Als Mitglied im „Ü50 Club" habe ich natürlich noch lebhafte Erinnerungen an das bunt-fröhliche Werbefernsehen der 80ziger Jahre. Als junger Teenager mochte ich besonders eine bestimmte Werbung für diverse Kinder- und Gesellschaftsspiele, die mit liebevollem, aktionsgeladenen „Tam-Tam" die jeweiligen Muss-ich-haben Gefühle in mir auslösten. Ein riesiger Gong und dann die markante Hintergrundstimme blieben mir besonders in Erinnerung. Diese Stimme kommentierte analoge Brettspiele mit einer umwerfenden Dramatik. Preisgünstig und ohne virtuelle Effekte. Ganz toll finde ich, dass heutzutage eifrige Sammler diese Epochen der Werbung vermutlich aus zig alten VHS Videokassetten herausgeschnitten und online verfügbar gemacht haben.

Ich denke, dass solltest du wissen bevor du weiterliest, den unter diesem unmittelbaren Einfluss entstand dieses Kapitel „Ich bin ok - Du bist ok", ein Konzept aus der Transaktionsanalyse, welches unsere Grundhaltung zu anderen Menschen im Alltag beschreibt.

Also, Vorhang auf: (Gong) Transaktionsanalyse präsentiert...

Spiel I

Ich bin OK - du bist OK, das perfekte Beziehungsspiel für alle von 9 bis 99 Jahren! Jeder bringt seine positiven Fähigkeiten und Eigenschaften ein und investiert sie gewinnbringend in jede Spielrunde. Freundlichkeit und Stärke lauten die entscheidenden Puzzleteile, die du und dein

Gegenüber abwechselnd zusammenfügen. Beide sind unterschiedlich auf dem Spielbrett verteilt, aber im Falle eines Zusammentreffens passen sie perfekt zueinander! Was für ein herrliches Bild!

Spiele *Ich bin OK - du bist OK* in einer großen Familie oder mit deinen Freunden, wo jeder einzigartig ist, aber alle sich gegenseitig unterstützen und helfen! Stärke deinen Selbstwert und sichere dir als Belohnung eine positive Lebenseinstellung, so wertvoll und liebenswert wie das Leben selbst!

Spiel II

Ich bin OK - du bist nicht OK, lässt dich zum neuen ultimativen Superschurken in diesem Spiel wachsen! Strebe nach der Macht, indem du dich über andere erhebst, sie subtil vorführst oder vor anderen Mitspielern abwertest. Und wenn doch mal etwas schiefgeht, gebe einfach den anderen die Schuld für dein Versagen! Doch Vorsicht: Wenn du zu oft Vorlieben oder Entscheidungen deiner Mitspieler ablehnst, können diese dich isolieren oder mit der Karte „Asshole" bannen. Allein auf dem „Gehe in die Einsamkeit" Feld ist das Spiel schnell für dich vorbei. Andere werden dann vor dir die neuen Stufen „Echte Beziehung" und „Wertvolle Unterstützung" erreichen und du musst am Ende das Spielbrett ganz allein neu aufbauen. Das will keiner gern, also spiele clever!

Spiel III

Ich bin nicht OK - du bist nicht OK, das neue Escape-Room-Spiel in dem du total verloren bist! Keine Ahnung, was zu tun ist und keinen Plan um da wieder herauszukommen?

Schade, denn Rettung ist nicht in Sicht, und auch deine Mitspieler sind komplett überfordert. Vorsicht, denn wenn ihr die Karte „Gemeinsam sind wir schuld" zieht, geht es direkt in den Abgrund. Doch es gibt einen Ausgang! Sammelt wertvolle Hinweise aus der „Gemeinsam sind wir stark" Schatzkiste und meistert diese Situation zusammen. Der Buzzer „It's okay not to be perfect" erscheint zudem immer nach drei Fehlversuchen und verschafft euch wertvolle Spielsekunden, um sich gegenseitig kennen zu lernen, zu akzeptieren und zu unterstützen. So könnt ihr zusammenwachsen und lernen. Jeder Escape-Room in *„Ich bin nicht OK - du bist nicht OK"* ist eine echte Herausforderung, aber niemals aussichtslos!

Spiel IV

Ich bin nicht OK - du bist OK - Wer den schlechtesten Witz erzählt, hat verloren! In diesem Reality-Spiel versuchst du zum besten Comedian der Stadt aufzusteigen. Doch Vorsicht, deine selbstsicheren Mitspieler versuchen das gleiche und klauen dir deine Gags! Fehlen dir neue Ideen und keine Show zündet bei deinem Publikum? Deine Mitspieler kassieren währenddessen einen Preis nach dem anderen? Das muss nicht sein! Schaffe das Unmögliche und lerne, über dich selbst zu lachen und dich selbst wert zu schätzen! Dehne deine Komfortzone, öffne dich und lerne in der stets geöffneten Bar: „So spielt das Leben" von den besten Stand up Comedians der Welt. Erhalte wertvolle Erfahrungspunkte und setze diese gegen die Felder „Überhöhte Erwartungen" und „Große Fallhöhe" ein. Drehe das Ruder herum und setze deinen ganzen hinderlichen Minderwertigkeitsgefühlen deine schönste Clownsnase auf!

Haltungen im
Kontakt zu anderen

Ich bin ok – Du bist ok
Ideale Einstellung!
Positives Selbstbild und grundsätzlich
positive Fremdhaltung

Ich bin ok – Du bist nicht ok
„Ich bin besser als du!"
Arroganz, keine Wertschätzung

Ich bin nicht ok – Du bist ok
„Ich suche Fehler nur bei mir"
Devot, Unterwürfig

Ich bin nicht ok – Du bist nicht ok
Abwärtsspirale ohne Zukunft
„Ich kann weder dich noch mich akzeptieren"

10. Der Halo Effekt

Sonntagabend ist bei uns traditionell zuhause Sofa- und Fernsehzeit. Eigentlich bestimmen wir gemeinsam, welche Sendung oder Film geschaut wird, aber heute musste ich mal mein dominant-männliches (und von meiner Frau mild belächeltes) Gebaren rauskehren, denn im TV lief die Fortsetzung eines Films, dessen ersten Teil ich seinerzeit in den Neunzigern im Kino gesehen habe und damals fantastisch fand. Meine Frau fädelte geschickt die Bedingung ein, dass ihr dann ja wohl die größere Portion Popcorn zustand, immerhin hatte ich ja schon meinen Willen bekommen. Während die Dame des Hauses also hinter einem Riesen Bucket mit Popcorn verschwand, die Beine ein-kringelte und nebenbei im Internet surfte, hockte ich auf der Sofakante und hatte den festen Vorsatz, mich blendend unterhalten zu lassen. Mit fast verkrampftem Lachen versuchte ich jeden Wortwitz lustig zu finden und sah auch darüber hinweg, dass der Hauptdarsteller etwas träger durch die Actionszenen kam als beim ersten Teil. Meine Frau sah mich nach ca. 20 Minuten an:

" Sag mal, das findest Du wirklich spannend?"

„Doch, ja…ist doch super!"

„Aha… wenn Du meinst."

Ich musste mir allerdings selbst eingestehen, dass mein anfänglicher Enthusiasmus langsam zu bröckeln anfing. Die Vorschusslorbeeren wurden nach und nach aufgebraucht. Der

Film war recht langweilig, das musste ich mir nach 20 Minuten nun auch eingestehen.

Nicht immer komme ich bei Ereignissen dieser Art am Ende zu solcher Erkenntnis. Im Gegenteil, sehr oft erlege ich stattdessen dem sogenannten „Halo-Effekt": Ich bringe eigentlich unabhängig voneinander bestehende Fakten in einen Zusammenhang („ ...der erste Teil des Films war super - dann muss der zweite Teil doch auch super sein!") und erzeuge somit einen subjektiven Zusammenhang, der objektiv gar nicht bestehen muss.

Der Psychologe Edward Thorndike prägte den Begriff erstmals in den Zwanzigern, beobachtet wurde er aber auch von anderen, manche Phänomene haben eben oftmals verschiedene Entdecker.

Bei Begegnungen mit anderen Menschen ist „Halo" vielfach Standard: Einer bestimmten Eigenschaft, z.B. ein gepflegtes Äußeres, eine tolle Frisur, eine markante Stimme, aber auch sekundäre Dinge wie sozialer Status, ein tolles Haus mit dem passenden Auto in der Garage usw. sorgen dafür, das diese einzelnen Attribute alle anderen „überstrahlen" und wir somit eine positiv verzerrte Wahrnehmung von unserem Gegenüber bekommen. So zieht es sich durch den Alltag:

- Der smarte Bewerber mit dem schicken Anzug und edler Brille- der ist bestimmt kompetent und für den Job super geeignet.

- Die Arzthelferin ist so nett und freundlich - die Behandlung bei diesem Zahnarzt ist sicher schmerzfreier als woanders.

- Die Autowerkstatt lobt das betagte Auto als *„liebenswerte Karre"* - die Reparaturen werden sicher gewissenhaft ausgeführt werden.

- Die Nachbarin ist bestimmt ein toller Freigeist, allein ihre bunten Tattoos und ihr cooles Motorrad zeugen doch davon.

Es gibt zig solcher Beispiele, die zu einer Verzerrung unserer Wahrnehmung führen und uns eine Meinung über Umstände oder Personen bilden lassen, die faktisch nicht zu begründen ist. Wir setzen dem Ganzen einen „Heiligenschein" auf: Besonders auffällige Merkmale stechen alle anderen aus und beeinflussen positiv. Wir schließen aufgrund einzelner Merkmale dann generell auf Kompetenz, Performance, Freiheit, Lebensstil, Charakterfestigkeit, Power, Fitness, Intelligenz usw.

Das ist vielleicht auch einer der Gründe, warum wir in der Werbung nur schöne und erfolgreiche Menschen sehen, strahlend weiße Zähne einer guten Gesundheit zugeschrieben werden, warum Sekt mit guter Laune und Festlichkeit zu tun hat und die Zigarette mit coolem Wildwest-Feeling (zumindest in den 70zigern). Die positive Verzerrung einzelner Merkmale führt zu einem „scheinheiligen" Gesamteindruck. Ein Muss in unser heutigen Konsum- und Showgesellschaft mit ebenso nachhaltigen Folgen.

Woher kommt das eigentlich?

Hinter dem „Halo-Effekt" steht ein alter Bekannter: Das berühmt-berüchtigte Schubladendenken. Wir behelfen uns in einer komplexen Welt damit, Dinge für uns schnell und effektiv einzusortieren, um sie besser einzuschätzen. Die zügige Eingruppierung in Angriff oder Flucht, Freund oder Feind, fressen oder gefressen werden, ist ein tiefverwurzeltes Programm, welches für unsere Vorfahren überlebenswichtig war. Innerhalb weniger Augenblicke findet eine „Status-feststellung" statt. Dies gelingt ziemlich fix, da vorher festgelegte Normen, entstanden aus individuellen oder kollektiven Erfahrungen, wie eine Schablone wirken und uns Situationen bewerten lassen. Auch der Schutz unseres eigenen „Betriebssystems" im Kopf ist damit gewährleistet. Wir würden sonst bei der Vielzahl an täglichen Eindrücken unser Oberstübchen regelmäßig überfordern und stressen. Muster hingegen verschaffen Routine, Vertrautheit und Automatismen - das ist sehr energiesparend.

Wir konstruieren uns allerdings damit eine Wahrnehmung, welche in der alltäglichen Praxis wie ein Filter funktioniert. Dieser reiht sich in eine lange Reihe von anderen Filtern (z.B. durch unsere Hormone) ein, die wir wie eine unsichtbare Brille tragen und die uns von der eigentlichen Realität trennt. Unser Hirn scheint offenbar so konstruiert, das wir möglich lange da draußen überleben sollen und nicht, um wahre Erkenntnis zu erlangen. (siehe auch das Kapitel „Innere Landkarten").

Wie kommen wir diesem Umstand nun bei? Das ist echt schwer! Unser „Betriebssystem" ist eben schon sehr alt und lässt sich nicht einfach so umprogrammieren. Über indirekte Wege wie z.B. rationelles Abwägen der Fakten, betrachten aller einzelnen Eindrücke für sich, trainieren der eigenen Wahrnehmung und letztendlich durch das Abgleichen der Eindrücke anderer Beteiligten gelingt es ein Stück weit, diesen Filter zu egalisieren. Aber machen wir uns nichts vor:

Wie bei einem Klimmzug schaffen wir vielleicht ein paar Augenblicke über die Stange zu schauen, um dann erschöpft wieder loszulassen. Der Halo-Effekt (und übrigens auch sein gegenteiliger Bruder, der Horn-Effekt, also das Zuschreiben von Nachteilen oder Negationen von Einzelnen oder Gruppen *(„...der ungepflegte Typ mit ausgewaschenen Klamotten hat sicher kein 1. Klasse Ticket und die Generation Z hängt nur am Handy!")* ist festinstalliert und wir sollten achtsam sein, wenn wir uns wiederfinden in beruflichen und privaten Diskussionen, im täglichen Miteinander.

Bei mir folgte die Erkenntnis übrigens am nächsten Morgen, als ich nochmal über den vermurksten Filmabend nachdachte: Ich war auch dem „Halo Effekt" erlegen. Diese Einsicht führte dann zum spontanen Schreiben dieses Kapitels. Es hat also auch sein Gutes.

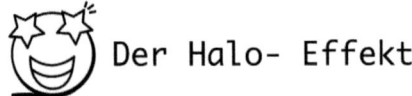 # Der Halo- Effekt

- positive Assoziationen, die aufgrund eines einzelnen Merkmals auf andere Merkmale übertragen werden

- wirkt in verschiedenen Kontexten (z.B. Berufsleben, Beziehungen, Politik, Krisen)

- Einordnung in bestimmte Denk-Schubladen

- beeinflusst durch Kultur, Medien, Gesellschaft etc.

11. Love it, change it or leave it

Love it, change it or leave it.
-Henry Ford, Unternehmer

Maulwürfe! Überall Maulwürfe!
-Christoph L., Schrebergärtner

Frühlingsanfang, bestes Wetter, Vogelgezwitscher. Gut gelaunt packte ich meine Latzhose, Arbeitsstiefel und ein bisschen Grillgut ein. Heute geht es zum ersten Mal nach der Winterpause in den Schrebergarten. Romantisch verklärt erhoffte ich mir ein paar neue Beete zu ziehen und nach zwei Stündchen Werkelei dann gemütlich den Grill anzuheizen.

Im Garten angekommen, verpuffte mein Wunschdenken jedoch augenblicklich. Dort wo einst mein Rasen war, erblickte ich auf eine Mondlandschaft aus Hügeln und Kratern, ausgehobenen Wällen und teils schon vertrockneten Grassoden: Ein Maulwurf, oder eher eine ganze Armee von Maulwürfen, zeigte mir unmissverständlich auf, wer hier Herr des Gartens ist. *„Super oder? Wusstest du, dass Maulwürfe erst dann mit der Arbeit aufhören, wenn sie sterben? Also nach drei bis sechs Jahren?"* Mein Nachbar feixte und rief mir noch ein paar andere wissenswerte Dinge über die Hoch- und Tiefbauexperten zu, um sich dann ebenfalls an die Erdhügel auf seinem Grundstück zu machen.

Oh Mann. Jedes Jahr das Gleiche. Deutlich empfand ich so etwas wie Erschöpfung, Frust und Ärger. Wenn ich ehrlich bin, zog sich dieser Umstand schon länger hin. Aus der anfänglichen Motivation und Lust aufs Gärtnern wurde bei mir nach und nach eine Verpflichtung, ein „Muss": Du musst noch den Rasen mähen, du musst zur nächsten Versammlung, du musst noch die Hecke schneiden...zu Anfang hat es mir großen Spaß gemacht, aber jetzt gefiel es mir (so) nicht mehr. Was tun? Ich hatte nun drei Möglichkeiten:

Love it - steht für das Akzeptieren der Situation, das Positive daran wieder mehr zu würdigen, neu zu entdecken und zur Entscheidung zu kommen, dass ich damit Leben kann und möchte. *(„Maulwürfe sind sehr nützlich, sie fressen Schädlinge und ich sollte dankbar sein, sie in meinem kleinen Biotop zu haben. Die Hügel ebne ich schnell ein, ist doch keine große Sache.")*

Change it - heißt das aktive Verändern der Situation. Hier werde ich tätig und verändere Parameter, Umstände oder Wirkungsweisen, bis es wieder zu mir passt. *(„...unter die Beete und der Liegewiese kommt ein tierfreundliches Maulwurfgitter, den Rest dürfen die Buddler dann gern weiter beackern.")*

Leave it - der kontrollierte Schleudersitz. Hierfür steht der Entschluss, die Situation zu verlassen. Good bye, ich gehe. *(„Ich werde mir ein anderes Hobby suchen. Mir fehlt einfach die Lust, ich möchte lieber Zeit mit anderen Dingen verbringen.")*

Alle drei Entscheidungen sind nicht umsonst zu haben. Ob ich mich beispielsweise arrangiere (Love it), Parameter verändere (Change it) oder mir eine neue Aufgabe suche (Leave it): Jede Option verlangt nach Energie, nach Kompromissen, nach Ideen. Vor allem aber nach Eigeninitiative. Das löst kein anderer für mich. Hier bin ich selbst gefordert.

Falls ich dies nicht möchte, bleibt mir noch Option Vier, das "Suffering", also das Leiden. Stell dir ein Thermometer vor, dass die Temperatur des Leidens misst (physikalisch inkorrekt, aber wir sind hier ja auch nicht im Physikunterricht.) Vielleicht komme ich dann schon bei imaginären 40 Grad Hitze ins Handeln. Ich kann eine der drei Optionen wählen, damit es hoffentlich wieder besser wird, die Temperatur zu meinem Wohlbefinden hin wieder sinkt.

Andere halten mehr Hitze aus. Im ungeliebten Job oder in einer unglücklichen Beziehung: 70 Grad, 80 Grad, 90 Grad Leidensdruck. Da werden die Zähne zusammengebissen, bis zum Zusammenbruch. Oder es wird lamentiert, was alles nicht geht und wer alles schuld ist an der Situation.

Machen wir uns nichts vor, Veränderungen sind oft wie der Weg nach Mordor: Mühsam und beschwerlich.

Die Alternative ist dann eben ein Thermometer am Anschlag - auch nicht erstrebenswert und eine Belastung für Psyche und Gesundheit.

Dass, was wir nicht für uns bzw. in uns lösen, scheint sich dann seelisch wie körperlich anzusammeln. Irgendwann kippt vielleicht sogar das eigene „System" ähnlich wie ein Teich, der täglich seine Portion Abwasser eingeflutet bekommt - auf einmal sind alle Teichrosen verschwunden, alle Fische treiben oben, obwohl gestern doch noch alles in Ordnung schien. Der Kipppunkt ist erreicht.

Bevor es so weit kommt, wähle ich besser eine der drei Optionen Love it, Change it, Leave it. Ich mache mir einen Plan und bin dabei ehrlich zu mir selbst. Oft hilft es auch, mit einer vertrauten Person diesen Plan durchzusprechen. Im Falle meiner eigenen Betroffenheit bin ich nämlich nicht immer mein bester Ratgeber und ein wertschätzender Blick von außen kann sehr hilfreich sein.

Ins Handeln zu kommen und die Situation zu verändern, ist oft befreiender als im Suffering zu bleiben und zu hoffen und zu warten, dass es besser wird.

Ach ja, ich lebe nun seit drei Jahren ohne Schrebergarten. Verkauft an eine tolle Familie, die bestimmt viel mehr Engagement und Leidenschaft für die Gartenarbeit mitbringt als ich. Dafür genieße ich die neu gewonnene Zeit mit ausgiebigen Radtouren am Wochenende. Auch schön!

Love it
Change it
Leave it

Love it –
steht für das Akzeptieren deiner Situation,
das Positive daran zu finden und zur
Entscheidung zu kommen, dass du damit leben
kannst und möchtest.

Change it –
heißt das aktive Verändern der Situation.
Hier wirst du tätig und veränderst
Parameter, Umstände oder Wirkungsweisen,
bis es wieder (zu dir) passt.

Leave it –
ist dein Exit, dein kontrollierter
Schleudersitz. Hierfür steht dein
Entschluss, die Situation zu verlassen.
„Good bye, ich gehe!"

Ich stehe vor einem Dilemma, während ich vor dem Bildschirm zu diesem Kapitel sitze: Ich finde keine vernünftige Einleitung. Das passiert mir oft bei Themen, über die schon tonnenweise geschrieben und referiert wurde, mit denen sich bereits unzählige Spezialisten beschäftigt haben und die als „Standardwissen" in jedem Lehrgang im Umgang mit Menschen behandelt werden, mir aber trotzdem sehr wichtig sind. Das Thema lautet:

- Konfliktmanagement -

Übersetzt heißt Konflikt „Zusammenstoß". Zusammenstoßen kannst du durchaus wörtlich nehmen. Du prallst mit jemandem zusammen, egal wie behütet oder vorsichtig du durchs Leben gehst, irgendwann passiert es halt. Und wie es bei diesem Zusammenprallen eben so ist: Der Fehler wurde bereits vorher gemacht. Eine Regel wurde missachtet oder du und der andere waren unaufmerksam. Meist entsteht Gott sei Dank kein Schaden und es geht schnell wieder zur Tagesordnung über: *„Entschuldigung, ich habe sie nicht gesehen! - Alles gut, ist ja nichts passiert!"*

Problematisch wird es, wenn eben ein Schaden zurückbleibt. Diesen gilt es zu „regulieren", wie es im Versicherungsdeutsch heißt, und noch viel schöner finde ich in diesem Zusammenhang das Wort „Anprallschaden", wenn irgendwo gegengefahren wird. Auf zwischenmenschlicher Ebene sind diese Anprallschäden dann oft als emotionale Verletzungen zu spüren. (Von schwingenden Fäusten und deren körperlichen Auswirkungen einmal abgesehen, das ist hier jedoch nicht gemeint.)

Ich überspringe hier mal mögliche Arten von Konflikten, deren Stufen, Ebenen, Auslöser, Motive, Verhalten etc., kurz jeder Stoff, der tiefer in die Analyse zum Thema „Konflikt" einsteigt. Das füllt ganze Bücher und man kann das sogar studieren.

Ich möchte dir hier eher pragmatisch ein Universaltool, einen kleinen „Faustkeil" in die Hand geben, der vielseitig verwendbar ist. Eine Hilfe, wenn du in einen Konflikt mit anderen gerätst, besonders wenn dazu noch Gefühle im Spiel sind. Emotionen lassen uns in Konfliktgesprächen oft in einen „psychologischen Nebel" fallen (Vera Birkenbihl), wo wir in Bezug auf Aufnahmefähigkeit und Ratio stark eingeschränkt sind. Der Höhlenmensch in uns will einfach Recht bekommen! Das sieht der Höhlenmensch unseres Gegenüber natürlich anders und schon fliegen die Funken. Nicht immer gibt es dabei ein „Win-Win" sondern es geht leider oft eher in Richtung „gemeinsamer Untergang".

Die Lösung lautet: SAG ES

Die fünf Buchstaben stehen für:

- S - Sichtweise schildern

- A - Auswirkungen beschreiben

- G - Gefühle benennen

- E - Erfragen, wie der Gegenüber die Situation sieht

- S - Schlussfolgerung ziehen

Die Methode konkret beschrieben hat meines Wissens nach der Trainer und Autor Thomas Schmidt, die Wirkung und Aufbau dieser Formel hat jedoch mehrere Väter, Thomas Gordon mit seinem nach ihm benannten Gordon Modell, das u.a. auf sogenannte Ich-Botschaften und niederlagenlose Konfliktlösung ruht und natürlich der Godfather der humanistischen Psychologie, Carl Rogers, mit seinen Grundpfeilern Empathie und Kongruenz, haben hier spürbar Einzug gehalten.

Es scheint viel Erfahrung zu brauchen, Dinge möglichst einfach zu halten und trotzdem extrem wirkungsvoll werden zu lassen.

Um es anschaulicher zu machen, gehen wir mal in die Praxis mit einem kleinen knuffigen Beispiel, aus dem Leben gegriffen:

In der Teeküche einer kleinen Firma findet ein früh startender Mitarbeiter morgens um halb sieben immer wieder das gleiche Chaos vor: Geschirr türmt sich in rauen Mengen vom Vortag und es müffelt entsprechend. Er nimmt sich 15 Minuten seiner Zeit und räumt alles in den Geschirrspüler, reinigt die Spüle usw. damit die Kolleginnen und Kollegen im Laufe des Tages frische Tassen und Becher zur Verfügung haben. Gedankt wird es ihm nicht, es fällt auch niemandem auf, dass stets sauberes Geschirr zur Verfügung steht. (Oder es wird heimlich darauf gehofft, dass dieser „Service" einfach so weitergeht). Die Frage nach der „guten Fee" fällt jedenfalls nie.

Beim nächsten Teammeeting fragt die Leitung unter der Rubrik „Sonstiges" nach und unsere gute Fee nimmt sich ein

Herz: Das Thema wird angesprochen, und zwar nach der SAG ES Methode:

Sichtweise beschreiben - also raus mit der eigenen Wahrnehmung! Und zwar so konkret wie möglich, jedoch (noch) ohne eigene Bewertung: *„Mir fällt jeden Morgen auf, das hier jede Menge schmutziges Geschirr in der Spüle schmort."*

Schon mal ganz gut...das Team schaut ihn an. Einige grinsen leicht schief und schuldbewusst, andere schauen auf ihre Hände oder scheinen beschäftigt damit, irgend etwas zu notieren.

Weiter im Text:

Auswirkungen beschreiben - welche Konsequenzen oder Beeinträchtigungen daraus entstehen: *„Für mich bedeutet das, hier erstmal jeden Morgen für Ordnung zu sorgen, das Geschirr in den Spüler zu räumen und kräftig zu lüften. Diese 15 Minuten möchte ich eigentlich mit anderen Dingen verbringen, aber das Chaos und der Geruch sind einfach furchtbar."*

Jetzt schauen ihn alle an, also nicht nachlassen, gleich Punkt Drei hinterher:

Gefühle benennen - Seine eigenen Emotionen verbalisieren, als Ich-Botschaft deutlich machen: *„Immer alleine davor zu stehen ist echt lästig. Es fühlt sich auch nicht gut an, ehrlich gesagt fühle ich mich ausgenutzt. So starte ich jeden Morgen genervt in den Tag, da ich mein frühes Kommen eigentlich* *mit anderen Dingen verbringen möchte.* Stille. Nun ist es an der Zeit, das Ruder den anderen zu überlassen.

Es folgt das **Erfragen -** *„Bin ich der Einzige, dem dieser Umstand auffällt? Wie seht ihr das bzw. was sagt ihr dazu?"* Es ist das Angebot, die anderen in die Situation zu holen, ihre Ansichten, Gründe oder sonstigen Argumente zu erfahren und zu Wort kommen zu lassen. Jetzt dürfen die anderen übrigens auch entscheiden, wie scharf die „Würze" des Konflikts ausfällt, denn unsere gute Fee hat bislang wacker in Ich-Botschaften „gesendet". Angriffe erfolgten von ihrer Seite nicht.

Leider halten sich hier manchmal nicht alle an diese Regel und hin und wieder kommt an dieser Stelle Hilflosigkeit ins Spiel, getarnt als Sarkasmus oder Scheinheiligkeit, besonders wenn die Gegenseite nicht „trainiert" in Sachen Konflikt- gespräch ist. (*„Jetzt übertreibst du aber, ...musst du ja nicht tun, ...oooch, ist das sooo anstrengend für dich?"*)

Vielleicht steht der beschriebene Umstand auch lediglich als Platzhalter für andere unterschwellige Konflikte. In meinem Beispiel äußern sich die Teammitglieder jedoch betroffen, verwundert und erstaunt. Der Groschen fällt langsam, dass täglich sauberes Geschirr eben nicht wie selbstverständlich bereitsteht und es tritt umgehend Punkt 5 zutage:

Schlussfolgerungen ziehen - Es wird ein kleiner, aber feiner Küchenplan erstellt, der alle einbezieht.

Nun müssen sich nur noch alle daran halten.

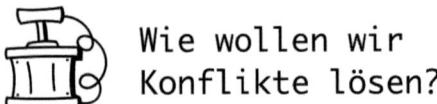

Wie wollen wir Konflikte lösen?

Tipps für eine erfolgreiche ESKALATION:
- Ausnutzen von emotionalen Triggern
- Polemik und Zynismus
- Werte des Gegenüber verletzen wollen
- Nebelhaftes Argumentieren („andere sagen ja auch immer, dass du…")

Tipps für eine erfolgreiche DEESKALATION:
- Person und Sache bleiben getrennt
- Der echte Wille zur Lösung!
- Eigene Sichtweise und Gefühle als ICH-Botschaft senden
- Erfragen, wie der Gegenüber die Situation erlebt

13. Die Komfortzone

Kennst du das auch? Von den eigentlich fest vorgenommenen Neujahrsvorsätzen ist bereits Mitte Februar nicht mehr viel übrig. Was hattest du dir nicht alles vorgenommen: Endlich abnehmen, endlich aufhören mit der Aufschieberitis, mehr Sport, mehr Zeit für sich und so weiter.

Was läuft da bloß immer schief?

Oftmals scheint es gar nicht das Ziel an sich, welches an Bedeutung verliert, sondern die Schritte dahin sind zu groß geplant, der eigene Erfolgsdruck an sich selbst ist zu hoch gegriffen.

Veränderungen im Leben sind immer mit Energieaufwand verbunden. Jede Veränderung muss zunächst in den alltäglichen Rhythmus deines Lebens eingeplant und „installiert" werden. Ist diese Veränderung am Anfang zu umfangreich, gerät dein „System" unter Druck und dein eigenes Unterbewusstsein drückt den Alarmknopf: *„Achtung, Stop! Erhöhter Energieaufwand! Zu viel Neues auf einmal!"*

Auch Verzicht wird als Veränderung für den Organismus gewertet. Auf einmal mit dem Rauchen aufzuhören oder kleinere Portionen beim Essen zu wählen ist mit enormem Willen verbunden. Wenn dann noch die Ernährung gänzlich umgestellt und Sport hinzugefügt wird, ist es oftmals aus mit den guten Vorsätzen: Zu viel auf einmal. Das Event „Abnehmen" wird abgesagt.

Das Alles hat etwas mit deiner sogenannten Komfortzone zu tun.

Solange du dich innerhalb dieses individuellen „Schutzgebietes" bewegst und deine etablierten Abläufe und Gewohnheiten hast, ist der eigene Energiehaushalt effizient, du funktionierst oftmals automatisch. Wie ein routinierter Autofahrer gelingt das Kuppeln, Gas geben und Abbremsen intuitiv. Hier hast du Sicherheit, lebst in deinen Routinen und Kompetenzen.

Kein Problem. Solange es dir dabei gut geht und du dich wohl fühlst, ist nichts dagegen einzuwenden.

Allerdings entstehen dabei oft zu viele Wiederholungen im Alltag. Du wirst träger, langsamer, unzufriedener. Es fehlen dir neue Impulse und du nimmst stattdessen stumpfe Routine, Langeweile oder Reizarmut wahr. Zehn Jahre Büro mit den immer selben Kollegen sind manchmal echt frustrierend. Du merkst auf einmal, wie dich die Sehnsucht packt. So sehr du deine Komfortzone brauchst, so sehr bist du auch auf Wachstum aus, auf Selbsterfahrung, und irgendwann ist der Wunsch so groß, dass du beschließt, deine Verhaltensweisen zu ändern und Dinge in deinem Leben umzugestalten: Hurra, da sind sie wieder, die guten Vorsätze.

Hoch motiviert wird dann das neue Ziel gesteckt: *"Ab morgen höre ich auf mit dem Feierabendbier und der Schokolade!" „Neuer Job, wo bist Du?" „Weniger Kilos, und zwar sofort - Sportverein, ich komme!"*

Das ist der Ausdruck eigener Sehnsüchte. Gut so. Der Weg zum Ziel ist aber nicht ohne. Der Wunsch, sofort mit der bisherigen Routine aufzuhören, liegt oftmals weit außerhalb deiner Komfortzone. Dafür ist eine enorme Kraftanstrengung (Energie!) nötig und oftmals scheitern Versuche nach ein paar Tagen. Der innere Schweinehund hat wieder einmal gewonnen. Deshalb solltest du diesen kleinen Wächter deiner Komfortzone nicht überfordern. Aber -und das ist das Gute- er ist durchaus bestechlich. Teilziele, ohne zu viel Energieaufwand, sollten als erste Schritte geplant werden. Nicht sofort komplett aufhören mit einem Laster ist die Lösung, sondern vielleicht etwas weniger pro Tag in der nächsten Zeit ist der Deal. Nicht sechs Mal in der Woche Sport zu Anfang, sondern erst mal ein- bis zweimal Besuche im Fitnesscenter zum Warm werden. Oder etwas Spazieren gehen. Bewegung erfahren und dabeibleiben. Feste Tage einplanen oder einer Gruppe beitreten.

Sind diese Schritte akzeptiert, werden sie langsam in den Wochenablauf verinnerlicht. Deine Komfortzone beginnt sich zu dehnen.

Bald ist das neue Verhalten akzeptiert, zur Gewohnheit geworden. Wenn das nicht der Fall ist, ist das Ziel vielleicht nicht attraktiv genug. Daraus resultiert eine weitere wichtige Frage: Was könntest du denn in Zukunft stattdessen tun, um dein Ziel zu erreichen? Oder sollte dein Vorhaben generell erstmal auf den Prüfstand gestellt werden? Ist das Ziel vielleicht gar nicht DEIN Ziel und du bist nur im Yogakurs, weil es die Kolleginnen und Kollegen machen? Ausprobieren ist hier ausdrücklich erlaubt! Es sind die kleinen Schritte, die dir Zeit lassen und dich stabilisieren. Wenn sich aufgrund dieser kleinen Veränderungen Lust auf mehr einstellt, kommt der nächste Schritt und du baust deine Aktivitäten vielleicht noch aus.

Bitte immer darauf achten, dass die Lust auf das Ziel bleibt. Wenn dies nicht der Fall sein sollte, ist es ein sicheres Zeichen deines inneren Schweinehundes, dass es ihm nicht gefällt, zu schnell geht und/oder der Energieaufwand größer ist als die Motivation darauf. Also: Locker bleiben und Geduld üben.

 # Komfortzone -
Drinnen und Draußen

Vorteile des „Drinnen"
- Ökonomisch und energiesparend
- Kompetenzerfahrung und Bestätigung
- „Akkuauflademöglichkeit" und Sicherheit

Vorteile des „Draußen"
- neue „Nahrung" für Seele und Geist
- Kompetenzerweiterung und Entwicklung
- Aufbau von Selbstbewusstsein und
  innerer wie äußerer Stärke

...und wer seine Komfortzone wirklich
mal schnell dehnen möchte, wende
einfach folgenden Satz an:

Blamiere dich täglich!

14. Stress - Gestern und Heute

Ein sonniger Morgen mit gesunder, frischer Luft. Gut gelaunt stapft mein Vorfahr in wollender Kutte durch die Wälder. Soeben wurden mit viel Appetit die restlichen Walderdbeeren (lat. *Fragaria vesca*, nur mal so...) aus dem Lederbeutel verspeist und mein Verwandter erhofft sich nun noch eine kleine Fleischeinlage für die abendliche Brühe. Pfeil und Bogen sind bereits dafür im Anschlag, um vielleicht einen Hasen...er hört ein Rascheln. Einige Meter vor ihm versucht ein Bär einen Bienenstock zu „knacken", um an den begehrten Honig zu gelangen. An die hundert Bienen haben etwas dagegen und so tobt ein heftiger Kampf um die süße Energiebombe. Vermutlich hat der Bär seinen Beobachter deshalb noch nicht entdeckt.

Was für ein Glück, denn diese wichtigen Sekunden lassen ihn aus seiner Schockstarre erwachen. Was tun? Den Kampf aufnehmen und sich einen „dicken Brocken" sichern, der ihn und seine Familie ein paar Tage ernähren würde? Keine Chance. Sein Pfeil und Bogen sind dafür zu dürftig, das verspricht keine große Chance auf Sieg.

Während der Waldläufer noch seine Optionen abwägt, hat der Bär ihn wahrgenommen und scheint zu der Entscheidung gekommen zu sein, weitere hundert Stiche in die eigene Nase gegen eine fleischhaltige Mahlzeit einzutauschen. Der Honig läuft schließlich nicht weg und eignet sich auch prima als Nachtisch.

Im Jägersmann spult nun in Sekundenbruchteilen ein bewährtes Programm ab: Stresshormone werden massiv ausgeschüttet, der Puls geht in die Höhe, Blut schießt in die

Muskeln, der Körper ist zu Höchstleistungen bereit. Der darauffolgende Sprint zum nächsten Baum, der Sprung in die Äste und das Erklimmen in die Baumkrone - all das hätte er sich selbst nicht zugetraut. Das natürliche Doping hat jedoch gewirkt und seine Leistungsfähigkeit explodieren lassen.

Ein paar tausend Jahre später sitze ich, sein Nachfahre, am Empfang eines großen Pharma-Unternehmens. Mein Job-vorstellungsgespräch beginnt in wenigen Minuten. Ich habe mich seit Tagen darauf vorbereitet, alle wichtigen Infos gesammelt, meine Argumente sortiert, meine „Superkräfte" wie Humor und Charme vor dem Spiegel trainiert...oh mann, wie gern hätte ich diesen Job! Er würde mir einen deutlichen Schub nach vorne geben, das Gehalt wäre wirklich gut und auf die kommenden Aufgaben hätte ich richtig Lust.

Der Haken ist nur: Ich bin nicht allein auf der Jagd. Heute soll ich in einem Assessment Center bestehen und meine Eignung gegenüber anderen Mitbewerbern beweisen bzw. mich durchsetzen. Die Anforderungen sind bestimmt nicht ohne. Die anderen Kandidaten sitzen bereits genau wie ich in der Empfangshalle, und ich habe sie schon ausgemacht: Mitbewerber Eins scheint sehr selbstsicher, er telefoniert in aller Seelenruhe. Mitbewerber Zwei kann ich nicht ein-schätzen, er starrt minutenlang auf ein Bild in der Eingangs-halle. Meditiert er?

Ich hingegen merke langsam, wie es in mir arbeitet. Mist, alle meine Argumente, ja selbst meine ersten einstudierten Begrüßungssätze scheinen aus meinem Hirn verschwunden. Ein stammelnder Haufen Elend wird gleich die Personal-chefin begrüßen! Herrje.... Ich merke auf einmal, wie ich einen „Flush" bekomme. Ich eröte, meine Hände werden schwitzig, mein Herz pocht mir bis zum Hals...die Tür geht auf und eine freundliche Dame bittet uns herein. Wie heiße ich nochmal? Was will ich eigentlich hier? Meine Knie sind wie Pudding. Ich versuche ein Lächeln und stoße dabei mit voller Wucht gegen den Sessel. Der Feinmotorik sagt also auch Adieu. Wie soll das nur enden?

Wir alle tragen dieses Erbe unserer Vorfahren in uns. In gewissen Situationen spult unser Körper ein Programm ab, welches sich über Jahrtausende bewährt hat: Wir reagieren auf Stress. Dabei bewerten wir stets individuell nach Bedrohungen bzw. Herausforderungen und bereiten uns innerlich auf diesen kritischen Moment vor. Das ist gut, denn wir werden kurzzeitig wacher, leistungsfähiger und aktiver. Allerdings hat diese Aktivierung auch einen Preis, denn unser „Master of Ratio", das Großhirn, wird nun erstmal schachmatt gesetzt und gegen instinktive, viel schnellere Verhaltensmuster aus älteren Hirnschichten ersetzt.

Lockerheit? Feinmotorik? Intellekt? Fehlanzeige - Aktion ist angesagt. Durch eine hoffentlich erfolgreiche Flucht oder Kampf wird der Stress dadurch dann „entladen" und nach und nach übernehmen wieder andere Anteile in unserem Körper das Kommando. Danach dürfen wir hoffentlich ausruhen. So weit so gut.

Nun ist eine reale Bedrohung für unser Leib und Leben in unserer heutigen Welt Gott sei Dank deutlich geringer geworden. Zumindest begegnen wir Bären in freier Wildbahn recht selten. Trotzdem funktionieren diese Programme in uns noch immer bestens. Sie verselbständigen sich auch in Situationen, wo wir eigentlich abgeklärt, cool und eloquent sein möchten und schlagen uns oft ein Schnippchen. Um ehrlich zu sein, braucht es noch nicht einmal mehr solch ein konkretes Ereignis wie das oben beschriebene Vorstellungs-gespräch.

Wir erleben heutzutage ständig Bedrohungen durch Reiz-überflutungen: Schlechte Nachrichten im Minutentakt und Konflikte allerorts. Hinzu oftmals Belastung und Leistungs-druck im Job, Familie, Partnerschaft und so weiter.

Es scheint wie eine Alarmuhr, die in uns ständig am Klingeln ist. Wird hier nicht für Ruhe, Ausgleich und für „Entladung" gesorgt, kann es Probleme mit sich bringen. Unser Körper kann sich irgendwann nicht wieder aus diesem Zustand heraus normalisieren, die Gegenmaßnahmen fehlen. Dies schwächt uns auf Dauer, wir werden anfälliger, nervöser, unser Immunsystem wird belastet. Letztlich werden unsere Reaktionen heftiger (siehe auch das Kapitel „Love it, Change it, Leave it").

Die gute Nachricht: Wir können rechtzeitig selbst Abhilfe schaffen. Sport, Entspannungsübungen oder eine positive Freizeitgestaltung sorgen für Ausgleich. Klingt etwas abgedroschen, aber es hilft tatsächlich.

Wenn es allein nicht mehr zu schaffen ist, hilft nur noch professionelle Hilfe durch den Hausarzt, Unterstützung durch einen Therapeuten oder andere geeignete Anlaufstellen.

Diese Unterstützung ist übrigens kein Eingestehen von Schwäche! Es zeugt von Reflexion und Verantwortung sich selbst gegenüber. Andere trügerische Hilfen wie Alkohol und Co. hingegen sind definitiv abzulehnen. Sie retten rein gar nichts, im Gegenteil.

Also, achte auf dich und ziehe bitte rechtzeitig die Reißleine, wenn es vermeintlich wieder mal um Alles geht.

Halten wir fest: Wir alle tragen Überlebensprogramme in uns, bei einigen springt der „Höhlenmensch" schneller an als bei anderen oder wird durch verschiedene Situationen getriggert. Das ist nicht schlimm, sondern authentisch. Wenn man jedoch solche Momente als störend empfindet, kann man daran arbeiten und solche Art von Vorstellungs-gesprächen, Reden, Präsentationen, Gehaltsverhandlungen oder ähnliche Situationen in einem Coaching trainieren, damit die eigene Ratio sich nicht im entscheidenden Moment verabschiedet.

Ach ja, mein Vorstellungsgespräch verlief übrigens nicht so schlecht wie befürchtet. Nach meinem „Sesselstoßer" lief der Smalltalk seitens der anderen Teilnehmer schnell in Richtung *„Das passiert mir auch ständig"* und nach ein paar lockeren Erlebnisberichten aller Anwesenden war ich aus meinem „psychologischen Nebel" (Vera Birkenbihl) wieder auf-getaucht.

Dieses Erlebnis ist übrigens über 25 Jahre her, aber immer noch sehr lebhaft in meiner Erinnerung.

Stress -
ein echter Dino

Stress
- „fährt hoch" bei Bedrohung bzw. Herausforderung
- bereitet auf Kampf oder Flucht vor
- steigert Wachsamkeit, Wahrnehmung, etc.
- lässt kurzzeitig körperliche Höchstleitungen vollbringen

Positiver Eustress
- inspiriert, motiviert, erzeugt Flow
- fühlt sich super an (verliebt sein, Achterbahn fahren, Rekorde brechen, Erfolge feiern etc.)
- ist ohne Entspannung auf Dauer bedenklich

Negativer Disstress
- kann auch ohne reale Bedrohungen mental und körperlich auf uns wirken
- kann sich bei stetiger Aktivierung verselbstständigen
- führt als „Dauergast" zu Blockierungen und Beschwerden

15. Das Riemann-Thomann Modell

Neulich auf der Geburtstagsfeier wurde mir wieder einmal bewusst, wie unterschiedlich Menschen ticken. In der schmalen Küche wurde es eng, da köchelte gemütlich das Chili con Carne auf dem Herd und der Kuschelfaktor war hoch, im Wohnzimmer wurde hingegen höflich „parliert", auf dem Balkon wurde gechillt oder auch mal still eine Zigarette geraucht (darf man das heutzutage überhaupt noch schreiben?)

Ich mochte jeden meiner Gäste auf seine Art. Mit einigen lässt sich prima um die Häuser ziehen und Spaß haben, anderen würde ich aufgrund ihrer Korrektheit ohne Bedenken meine Steuererklärung machen lassen, wieder anderen meine privatesten Geheimnisse anvertrauen oder mich ihrer Safari anschließen.

Offenbar haben wir Menschen unterschiedliche Bedürfnisse und Bestrebungen, die sich auf Verhalten und Kompetenzen auswirken. Manche Menschen mögen eine enge Zusammenarbeit mit viel „menscheln", auf der anderen Seite stehen die Einzelgänger, die Individualisten. Einige sind Helden der Zahlen, Strukturen und Prozesse und wieder andere möchten am liebsten darauf verzichten, weil es sie gefühlt einengt.

Dieser Sache war der Psychoanalytiker Fritz Riemann in den 60zigern bereits auf der Spur, der Schweizer Christoph Thomann griff die Arbeit von Riemann dann Jahre später auf und das Riemann-Thomann Modell entstand.

In dem Modell werden die vier Merkmale NÄHE, WECHSEL, DAUER und DISTANZ beschrieben. Diese repräsentieren Persönlichkeitsmerkmale, die wir alle in uns tragen, in unterschiedlichen Anteilen und je nach Situation unterschiedlich ausgeprägt.

Nähe-Menschen mögen Kontakt, Emotion, vertrauensvolle Worte, persönliche Würdigung und können sehr gut den Teamgeist beschwören (*„Wir müssen zusammenhalten! Gemeinsam sind wir stark!"*)

Wechsel-Menschen mögen Kreativität, Leichtigkeit, humorvollen Umgang, Abwechslung, Veränderung, charismatischen und lockeren Austausch und können gut nach neuen Lösungen suchen (*„Auf gehts, Brainstorming! Keine Denkverbote! Lasst es uns einfach versuchen!"*)

Dauer-Menschen brauchen eine gewisse Ordnung und Struktur, mögen stets Korrektheit, eine eher sachbetonte Unterhaltung und können gut analysieren (*„Wo liegt der Fehler im Prozess? Analyse! Optimierung!"*)

Distanz-Menschen möchten schnell auf den Punkt kommen, wollen Verantwortung übernehmen, gestalten, lieben klare Worte, mögen Standfestigkeit und wollen durchaus auch mal gelobt werden. Ferner sind sie die geborenen Leader. (*„Wo ich bin, ist vorne!"*)

Auch interessant: Wie sehen uns die jeweils anderen "Typen"?

Während sich ein Nähe-Mensch vielleicht als diplomatisch und kompromissbereit ansieht, wirkt er auf andere ggf. unklar, abhängig oder opportunistisch.

Ein "Wechsler" möchte temporeich und kreativ arbeiten, kann auf andere aber auch als ungeduldig, wenig verlässlich oder als schlechter Zuhörer gelten.

Der "Distanzler" gibt sich aufgabenorientiert und führungsstark, wirkt aber dabei eher dominant, machthungrig und unpersönlich.

Zu guter Letzt der Dauer-Mensch, welcher systematisch und nüchtern analysiert, aber dafür auch als "Erbsenzähler", "Spaßbremse" oder Bürokrat gehalten wird.

Wichtig: Es gibt hier weder richtig oder falsch. Jeder Mensch ist eigen und das soll auch so sein. Dieses Modell nimmt keine Wertung vor. Es fordert auch zu nichts auf, sondern beschreibt Schwerpunkte. Man selbst kann jedoch herausfinden wo sein eigenes Heimatgebiet liegt und wo noch Entwicklungspotential besteht. Selbstverständlich gibt es oft Mischverhältnisse, denn jeder hat seine eigene Komfortzone - und ja, es ist eine gewisse Vereinfachung in diesem Modell zu finden: Die berühmten Schubladen. Natürlich sind wir Menschen so viel mehr als hier beschrieben. Aber es lässt sich damit hilfreich einsortieren, wie und in welchem Modus man selbst oder der Gegenüber zurzeit ist, kann leichter auf ihn eingehen und kommunizieren.

Es ist ebenfalls nützlich, wenn man herausfinden möchte, warum einige Dinge immer wieder schieflaufen. Wenn einen Wechsler die Steuererklärung nervt, ist er eben nicht in seiner

Kernkompetenz und sollte damit einen Dauermenschen beauftragen. Dieser Kandidat ist wiederum vielleicht mit der Organisation einer Party überfordert und holt sich im Gegenzug kreatives Input bei dem Wechsler ab.

Gemischte Teams im Sinne des Riemann/Thomann Modells sind deshalb meist sehr effektiv, weil jede Eigenschaft abgedeckt wird. Im Gegenzug sind stark homogene Teams unter Umständen eingeschränkt. Stelle dir ein Team aus ausgeprägten Nähemenschen vor: Zu viel Kaffeekränzchen ist hier die Gefahr. Dauer-Teams können steif und spröde sein und Wechsler-Teams chaotisch. Bei den Distanzlern möchten alle gern „Alpha" sein - ein Hauen und Stechen ist die Gefahr.

Welcher Typ bist du? Dauer/Nähe? Wechsel/Distanz? Welches Umfeld benötigst du, um optimal zu performen?

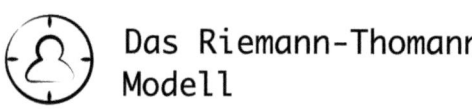 # Das Riemann-Thomann Modell

WECHSEL
Extrovertiert-Optimistisch-Kreativ-
Visionär
*Sprunghaft–Geltungsdrang–Langweilt
sich schnell*

DISTANZ
Kritisch
Selbstbewusst
Führungsstark

*Einzelgänger
Dominant
Unnahbar*

NÄHE
Herzlich
Bescheiden
Feinsinnig

*Gehemmt
Konfliktscheu
Ausweichend*

DAUER
Strukturiert-Zuverlässig-
Verantwortungsvoll-Konsequent
Detailvernarrt–Starr–Eigensinnig–Unflexibel

16. Kompetenzstufen

Eine frisch angehende Führungskraft, vollgepumpt mit Seminar- und Bücherwissen, mit viel Enthusiasmus und guten Vorsätzen, bekommt zum ersten Mal in ihrer Karriere ein Team anvertraut. Dieses Team hat bereits eine „Reise vollzogen", wurde mal der einen, mal der anderen Abteilung oder Stabsstelle angehängt und besteht unter anderem aus langjährigen MitarbeiterInnen, die sich in ihrer Position seit 10 Jahren, sagen wir mal, eingerichtet haben.

Entsprechend den Anforderungen und Zielen von oben, aber auch ihrer theoretischen Idealvorstellung, wie ein Team funktionieren soll, geht die Führungskraft motiviert ans Werk…und scheitert nach kurzer Zeit.

Das Team -

- möchte nicht in seiner Ruhe gestört werden *(„das machen wir doch schon immer so.")*

- verteidigt sein Herrschaftswissen, welches über Jahre aufgebaut wurde *(„das ist sehr kompliziert und würde viel zu lange dauern, das alles zu erklären.")*

- empfindet Kommunikation und saubere Dokumentation als überflüssig *(„das Dokumentieren der Prozesse ist nicht nötig, wir machen das hier immer auf Zuruf.")*

- übernimmt keine Verantwortung *(„daran ist der Dienstleister schuld, und der Datenschutz sowieso!")*

- hat kein Interesse an Veränderungen („*so viel Aufwand, ist das wirklich nötig? Dazu brauche ich erstmal genaue Anweisungen.*")

Ratlos steht die Führungskraft vor der Erkenntnis, dass die Dinge nicht so laufen, wie sie es sich vorgestellt hat. All ihre Bemühungen und Maßnahmen versanden in obigen Ausreden oder gelebtem Desinteresse.

Wenn solche Führungskräfte ratlos bleiben und jetzt keine Unterstützung bekommen, kann natürlich ihre Motivation kippen und das kann Folgen haben: Im schlimmsten Fall versuchen sie, die nächsten 1-2 Jahre in dem Unternehmen irgendwie rumzukriegen, denn der eigene Lebenslauf soll schließlich keinen Schaden nehmen, lassen sich durch „Lob" aus dem Team weiter instrumentalisieren („*...eine toller Chef, der lässt uns soviel Spielraum*"), beginnen vielleicht ebenfalls Spielchen, schieben die Schuld auf andere oder verzweifeln still und leise.

Sie sind am Ende Teil eines Problems, in dem es nicht weitergeht.

In Folge entsteht ein Projekt- und Aufgabenstau, und nicht selten werden dann externe Berater oder Trainer beauftragt, die nun diesen Stau lösen sollen. Neue Powerpoint-Folienschlachten beginnen, ohne das überhaupt einmal Ursachenforschung betrieben wurde.

Diese Situation ist kein abstrakt beschriebenes Beispiel, sondern nach meiner Erfahrung durchaus häufig in Unternehmen.

Alles steht und fällt mit einem Wort: Kompetenz

„Unter Kompetenz wird in der breiteren Bildungsdiskussion allgemein die Verbindung von Wissen und Können in der Bewältigung von Handlungsanforderungen verstanden. Als kompetent gelten Personen, die auf der Grundlage von Wissen, Fähigkeiten und Fertigkeiten aktuell gefordertes Handeln neu generieren können."

Dieses schlaue Zitat stammt von der Webseite des Bundesinstituts für Berufsbildung (www.bibb.de) und definiert den Begriff Kompetenz hervorragend. Bis man dahin kommt, braucht es jedoch ein paar Stufen, die man erklimmen muss und über die sich u.a. der Psychologe Noel Burch bereits in den 70zigern einmal Gedanken gemacht hat:

1. **Unbewusste Inkompetenz** tritt bei Menschen auf, die nicht wissen, worum es geht, und die sich diesem Defizit nicht bewusst sind. Oftmals interessiert es sie auch nicht, um was es eigentlich geht. Tragisch wird es, wenn diese Menschen trotz Mangel an Wissen und Können sich durchaus für kompetent halten. Oftmals wird dann Ahnung gegen Meinung getauscht, echte durch alternative Fakten ausgewechselt. Bis zur Verzerrung der eigenen Wahrnehmung. Hiermit befasst sich übrigens auch der sogenannte „Dunning-Kruger Effekt", dem ein separates Kapitel in diesem Buch gewidmet ist.

2. **Bewusste Inkompetenz** - die Initialzündung, wenn es in Richtung Wachstum und Entwicklung gehen soll. Hier erkennt der Betroffene seine Defizite an Wissen, Erfahrung, Fertigkeiten etc. und nimmt diese Erkenntnis an. Nun kann ein Plan gemacht werden, wie man die

benötigten Fähigkeiten erlangt und wo man sie herbekommt. Alternativ kann man auch beschließen, dass man es dabei belässt, seinen Status akzeptiert und (sich) entsprechend einordnet. Nur auf „dicke Hose" sollte man dann nicht mehr machen.

3. **Bewusste Kompetenz** bedeutet einen gewissen Aufwand an Motivation und Konzentration, denn der Betroffene beherrscht die an ihn gestellte Aufgabe schon, nur eben mit stark bewussten, einzelnen Handlungsschritten. Du erinnerst dich vielleicht an die ersten paar Male im Tanzkurs? Wie soll man sich diese ganzen Schrittfolgen bloß merken? Und hast du es geschafft, dann wirkt das Ganze noch etwas hölzern, statisch, verkopft. Du zählst mit und sagst Dir in Gedanken die Schrittfolge vor. Es ist noch keine Leichtigkeit, Eleganz und fließende Bewegung zu erkennen - oder wie mir mein Tai Chi Lehrer einmal sagte: *"Die Figur kannst du ja schon - nun probieren wir das Ganze noch mal in Schön!"*

4. **Unbewusste Kompetenz** - Glückwunsch! Hier finden sich Flow und Automatismen, vielleicht sogar Vollendung und Perfektion zueinander. Und das Tollste ist, das es meist ganz automatisch geschieht. Wie der Musiker, der den perfekten Blues spielt, der Bäcker, der den fluffigen Teig knetet, oder der Fußballer, der den Freistoß in ein wunderschönes Tor verwandelt. Unabhängig von Intelligenz oder Wissen macht unbewusste Kompetenz Eindruck. Man merkt es oft daran, dass derjenige -darauf angesprochen- nicht mal erklären kann, wie er es gemacht hat. Es funktioniert einfach.

Was wäre nun für unsere Führungskraft eine Chance in Sachen Kompetenzentwicklung? Stufe 2 ist hilfreich! Das Erkennen der eigenen Inkompetenz, das Erkennen, das man (noch) nicht so weit ist und daran zu arbeiten hat. Wie sagt es ein altes Sprichwort so schön: *„Es ist noch kein Meister vom Himmel gefallen."* Um Meister zu werden, bedarf es meist einer guten Ausbildung und Berufserfahrung. Klingt altmodisch, ich weiß...

Für unsere Führungskraft gilt es jetzt, Feedback von Menschen mit Erfahrung einzuholen, Mentoring einzufordern oder zumindest eine Hospitation bei den „alten Hasen". Austausch pflegen, Annehmen von Kritik und selbstkritisches Hinterfragen, Bewusst werden von eigenen Handlungsmotiven - all das kann hilfreich sein und die Liste ließe sich beliebig fortsetzen. Aber das Wichtigste ist meiner Meinung nach, dass eigene Selbstbewusstsein nicht gegen ein „Scheinbild" einzutauschen, welches nur die eigene Eitelkeit und Reputation nähren will.

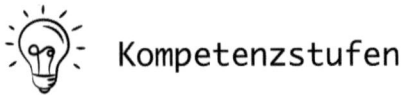 # Kompetenzstufen

I.Unbewusste Inkompetenz
Ich bin inkompetent und weiß das nicht.
Ich verstehe nicht, um was es geht und es
ist mir egal.

II.Bewusste Inkompetenz
Mit ist bewusst, das ich bei dieser
Sache noch am Anfang stehe, aber ich
kann dazulernen und sie dann meistern.

III.Bewusste Kompetenz
Ich muss mich auf die Sache
konzentrieren- anstrengend, aber dann
klappt das schon recht gut.

IV.Unbewusste Kompetenz
Das klappt alles von alleine, ich bin
wie auf „Autopilot" und darin richtig
gut!

17. Mammutjagd vs. CRM

Berlin - Besuch bei einer Messe für Kommunikation

Alljährlich trifft sich die geballte Kompetenz in Sachen Kundenservice, Kundenkommunikation und Call Center in der Hauptstadt. Fachbegriffe wie CRM oder Voice Bot schwirren durch die Gänge. Auch ich tippel begeistert durch die Massen und lausche fasziniert den Vorträgen. Eifrige Vertriebler umgarnen die Besucher: „Peoples business" scheint immer noch schwer angesagt.

Hier wird Kommunikation also professionell betrieben und die Zukunft der Branche vorgestellt. Unfassbar, was auf dem guten alten "Sender-Empfänger Modell" alles wachsen kann. Gleichzeitig ist und bleibt das die Basis für so viele Paralleluniversen wie Vertrieb, Servicedienstleistungen etc. Es wird eindrucksvoll gezeigt, was technisch "alles geht". Nicht immer halte ich da mit. Na gut, sogar meistens nicht. Man muss mir das immer sehr geduldig erklären.

Ich erlaube mir dann darauf hinzuweisen, dass unsere "Programmierung" im Hirn ja schon viele tausend Jahre alt ist, und seither keine nennenswerten Updates erhalten hat. Wir sind also ein echtes Erfolgsmodell. Unsere Prozesse und Abläufe im Kopf sind über die Jahrtausende nahezu identisch geblieben.

Es macht sich hier und da bemerkbar, dass unsere eigene „CPU" auf ursprünglich andere Umstände zurechtgeschnitten ist. Nix mit Computer, Handy oder E-Mail. Gab es damals noch nicht.

Wenn wir also miteinander kommunizieren, ist stets die Gewissheit dabei: Es ist nicht immer deckungsgleich, was ich sende und was bei meinem Gegenüber ankommt, oft entstehen Missverständnisse. Das gilt übrigens nicht nur für mein gesprochenes Wort, sondern auch für meine Betonung, Sprechtempo, Körpersprache und so weiter. Je nach dem, wie ich mich meinem Gegenüber verhalte, löst das bei ihm eine bestimmte Interpretation aus, d.h. er bewertet bewusst und unbewusst mein Verhalten und sortiert es für sich ein. Es folgt bei ihm eine innere Schlussfolgerung und eine Gegenreaktion.

Ich nehme also Einfluss auf andere, je nachdem wie ich kommuniziere. Diese Beeinflussung ist übrigens auch eine Art von Manipulation. Nur mal so, denn viele verbinden mit diesem Begriff ja oft etwas Böses. Es kommt eben immer darauf an, welchen Zweck ich verfolge. Und will ich professionell kommunizieren, ist das Wissen um diese Sachverhalte von großem Vorteil, eben weil viele der Mechanismen schon so uralt in uns werkeln.

Klingt spröde? Na, wenn ich meinem Nachbarn mit freundlicher Haltung und höflichen Worten mitteile, das er mich zugeparkt hat, habe ich größere Aussichten auf Erfolg in Bezug auf eine weiterhin gute Nachbarschaft, als wenn ich ihn einen Trottel nenne und mich lautstark beschwere. Trivial, oder?

Und genau da, zwischen Mammutjagd und Beerensammeln soll das ganze Hightech den Kunden nun hier auf der Messe abholen.

Hier hilft Fachchinesisch nicht immer weiter, der Kunde soll sich wohlfühlen. Halten wir fest: Ohne Basiswissen in Sachen "Betriebssystem Homo sapiens" läuft nicht viel.

Dazu braucht es keine geschliffene Rhetorik oder die x-te App, ganz im Gegenteil. Oft sind es die simplen Fragen, die zu einem produktiven Austausch bewegen. Ein paar „Evergreens" an solchen Fragen findest du gleich nebenan auf dem Flip.

 # Einfache Fragen - große Wirkung

- Wie kommst du klar diese Tage?
- Womit bist du zufrieden und womit nicht?
- Wenn du heute erfolgreich bist, was hättest du erreicht?
- Wie ist denn dein IST-Zustand?
- …wie lange schon?
- Welche Lösungsversuche gab es bereits?
- Was brauchst du, damit es funktioniert?
- …was noch?
- …ist das so okay für dich?

18. Wirkung auf andere

Es ist Samstagnachmittag und eigentlich wollte ich schon seit einer Stunde die Wohnung „gemacht haben". Das ist für mich keine große Sache, ganz im Gegenteil. Ich sinniere gern beim Staubsaugen und Putzen über dies und das, gebe mich ganz den haushaltlichen Pflichten hin und lasse dabei oft den Fernseher nebenbei laufen. Diesmal jedoch hat mich dieser, eigentlich als Untermalung gedachter Umstand komplett die Zeit vergessen lassen. Ein Fernsehkoch zauberte mit Leidenschaft und großem Können triviale Hausmannskost auf den Teller, erklärte mit Wortwitz jeden seiner Schritte und vermittelte quasi nebenbei sein Fachwissen über die Inhaltsstoffe und Zutaten. Ich ließ den Staubsauger fallen, setzte mich aufs Sofa und lauschte fasziniert seinen Ausführungen, während mir beim Zuschauen das Wasser im Munde zusammenlief.

Manche Menschen faszinieren einen einfach mit ihrem Tun. Sei es dieser Koch, oder der begeisternde Poetry-Slammer, ein gefühlvoller Musiker, energischer Politiker, erfahrener Chef oder der locker-entspannte Taxifahrer von gestern Abend. Wiederum andere sind offenbar die geborenen Schlaftabletten. Ohne Esprit oder Begeisterung spulen sie ihr Programm ab. Wie oft saß ich schon in endlosen Powerpoint-Folienschlachten, Teammeetings oder Vorträgen, hantierte unter der Tischplatte mit meinem Mobiltelefon, während vorne monoton „performt" wurde.

Versteh mich nicht falsch: Ich habe volles Verständnis für Menschen, die gar nicht in dieser Rolle sein mögen. Nicht jeder ist ein geborener Entertainer, und wenn man nun im

Quartalsgespräch über seine Tätigkeiten und Projekte referieren soll, muss das nicht unbedingt die liebste Aufgabe sein. Allerdings kann man sich, so meine These, diesem Ideal zu einer guten Performance durchaus nähern. Man braucht wie der Koch jedoch auch ein paar Zutaten, im Coaching nennt man es „Ressourcen":

1. Ich brauche Kompetenz, also eine Kombination aus Wissen und Können. Beispielsweise gewisse soziale Kompetenzen in Sachen Kommunikation, Einfühlungsvermögen etc. und Fachkompetenzen in Form von Wissen und Erfahrung. Mit anderen Worten: Ich weiss wovon ich rede! (Diese Liste ist selbstverständlich nur beispielhaft, sowohl in Sachen Skills als auch der Kompetenzarten.) Eine weitere Zutat ist hier ebenfalls die Ressource „Kontext", also die Fähigkeit, Dinge in einem Zusammenhang zu sehen, miteinander einzusetzen und zu erklären.

2. Ich brauche Charisma, d.h. meine Kompetenz macht mir Spaß! Ich lebe Sie mit Emotion. Emotion könnte auch als die Energie verstanden werden, die mich innerlich in Bewegung bringt. Aus dieser inneren Erregung werden konkrete Prozesse in unserem Körper in Gang gesetzt: Muskeln werden aktiviert, Neurotransmitter, also Botenstoffe, werden ausgeschüttet und vielerlei andere Effekte sorgen für ganz persönliche Eigenarten unseres Gefühlslebens.

Wenn wir diese Empfindungen bei einem anderen Menschen sehen und erspüren, lassen wir uns oft davon „anstecken". Charismatiker sind also die Verzauberer, die trockenen Zahlen, Daten und Fakten mit ihrer innewohnenden

Leidenschaft zum Leben erwecken. Raumfüllend, präsent, strahlend, freundlich und ja, auch ein bisschen autoritär. Ein gutes Selbstwertgefühl scheint also von Vorteil, denn irgendwoher muss sich diese Kraft ja speisen. Charisma wird einem übrigens immer von anderen attestiert, man kann sich dieses Attribut nicht selbst verleihen - aber man kann daran arbeiten, es entwickeln und sich über seine inneren Überzeugungen und Leidenschaften nähern.

Habe ich also das Glück und ein Mensch präsentiert sich derart wirkungsvoll, dann ist mir das eigentliche Thema oft nur zweitrangig. (Das berühmte Vorlesen des Telefonbuchs). Ich nehme an seiner Performance teil und er zieht mich damit in seinen Bann. Für beide Seiten eine wunderbare Erfahrung, denn ebenso wie Menschen Dinge lernen und erleben wollen, lieben sie es, sich in ihrer Wirkung zu erfahren. Eine klassische Win-Win Situation. So lernen die Kleinen von den Großen, die Neuen von den Etablierten, die Unerfahrenen von den Erfahrenen.

Ach ja, und ich kaufe mir jetzt erstmal die Zutaten für dieses fantastische Rezept des Kochs ein.

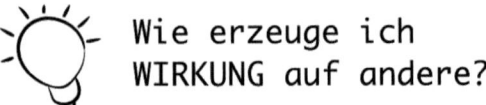 ## Wie erzeuge ich WIRKUNG auf andere?

Ich benötige KOMPETENZ, d.h. Wissen/Können und (ganz wichtig) Kontext!

Ich benötige CHARISMA, d.h. meine Kompetenz macht mir Spaß! Ich lebe Sie mit Präsenz und Emotion.

19. Unternehmenskultur für die Galerie

Ein fähiger, erfahrener und gut ausgebildeter Projektmanager beginnt hochmotiviert seinen neuen Job bei einem hippen, modernen Unternehmen. Ein Sechster im Lotto, wie es scheint: Flache Hierarchien, viel Zeit im Homeoffice, Vertrauensarbeitszeit, Duz-Kultur, Gratisobst, Tischkicker, kleine Kantine mit vegetarischen Gerichten...alles da. Wow!

Die Motivation bekommt jedoch erste Risse, als er feststellen muss, dass zwar auf dem Papier ein „onboarding" stattfinden soll, aber in der Praxis kein wirkliches Procedere dafür besteht. Es fehlt an Zuständigkeit. Dafür hört er in jedem Videocall von seiner Führungskraft, wie sehr man sich freue, dass er nun mit an Bord ist. Auf sein Bitten, nun einmal loslegen zu dürfen, in anderen Abteilungen zu hospitieren und das Unternehmen kennen zu lernen, wird er jedoch stets vertröstet. Das findet sich schon, im Unternehmens-Intranet steht doch eigentlich alles. Er versucht bei Kollegen anzudocken, aber sein Angebot zur Mithilfe wird nur oberflächlich wahrgenommen. Man befinde sich schon zu tief in der Materie, das wäre zu dem Zeitpunkt zu kompliziert, um noch mit einzusteigen, etc.

Er erinnert immer wieder an seine Aufgabenbeschreibung und an seine Fähigkeiten, doch kaum etwas passiert. Er spielt die Karte „Hol-Schuld" voll aus, aber er muss feststellen: Augenscheinlich gibt es zwar genug zu tun, aber man betraut ihn nicht damit. Also sucht er sich selbstständig Projekte, hakt in der IT-Abteilung nach, ob er helfen kann, im Kundenservice, in der allgemeinen Organisationsabteilung.

Er erstellt immer wieder gut durchdachte Maßnahmen-kataloge, die sein Chef auch tatsächlich beeindrucken, aber nie zur Umsetzung kommen. Abteilung X oder Y arbeiten ja bereits an einem anderen Lösungsweg. Ein halbes Jahr macht er dieses Spielchen mit, um dann am Ende Listen auszuhaken, weil dafür gerade kein anderer da ist. Der *„bestbezahlte Listen-Checker, den es je gab"*, wie er es bitter in einem unserer Coachings nannte.

Er selbst suchte zu dem Zeitpunkt bereits nach einem neuen Job und wollte diese frustrierenden Erlebnisse für sich neu ordnen, neue Kraft und Zuversicht schöpfen. Er hatte aufgrund der offensichtlichen Unterforderung einen massiven Erschöpfungszustand erreicht. Eine Art „Bore-out". Obendrein einen „Kick-ass" seiner Werte, inklusive seines Selbstwerts. Und er litt an diesem toxischen Umfeld von Unfähigkeit und Ignoranz in *„dem Laden"* wie er es nannte. Im Laufe unserer Gespräche kam dann Gott sei Dank sein altes Selbstbild wieder zum Vorschein und seine Werte wurden reaktiviert. Er fand seine alte Motivation wieder. Folgerichtig tauschte er wertlos verbrachte Zeit in *„dem Laden"* gegen für ihn wertvolle Zeit, indem er kündigte und in einem anderen Unternehmen neu anfing.

Ich bin wegen seiner Haltung und seines Mutes bis heute ein Fan von ihm. Er wusste bzw. entdeckte für sich neu, welche Werte für ihn wichtig sind. Insbesondere, weil diese verletzt wurden, und zwar nicht offensichtlich, sondern subtil. Mit einer nach außen hin fürsorglich getragenen Haltung und scheinbaren Interesse an seinen Fähigkeiten und seiner Person.

Und Obstkorb, Tischkicker, Vertrauensarbeitszeit? Das sind keine gelebten Werte, das sind Benefits. Nice to have, mehr nicht. Jedes Unternehmen kann sich damit schmücken. Ob hingegen ein echtes Interesse an den Mitarbeitenden besteht, ist damit noch nicht bewiesen.

Ich habe auch andere Klienten in ähnlichen Coachings erlebt, die verständlicherweise nicht sofort die Karte ihrer eigenen Kündigung gezogen haben. Ihre persönlich-wirtschaftlichen Verhältnisse ließen es nicht zu. Sie hielten weiter aus, fügten sich still und leise ein und hakten irgendwann alle äußerlich wie innerlich Listen aus. Immer mehr Resignation hielt Einzug. Der Prozess mündete dann nicht selten in den Zustand der inneren Kündigung oder im Zynismus. Das Ergebnis eines gefühlten menschlichen Runterwirtschaftens. Auch „der Laden" hatte rein gar nichts von dieser Geschichte, lediglich Kosten und Aufwand.

Halten wir fest: Es führte nicht ungenügende Resilienz oder Motivation seitens meines Klienten zu dieser Situation, weswegen man ja gern mal einen Coach hinzuzieht, sondern im Gegenteil: Grund waren die mangelnden Strukturen, Zuständigkeiten und Prozesse innerhalb des Unternehmens.

Wie hätte das verhindert werden können?

Es müssen die Ursachen abgeklärt werden. Aufgestellte Unternehmenswerte und Überzeugungen sollten auch den Alltag des Unternehmens erreichen und gelebt werden. Ansonsten sind sie nur ein abstraktes Leitbild ohne Wert. Wenn darüber hinaus Verstöße gegen dieses Leitbild nur zum Wegschauen verleiten, dann schwindet das Vertrauen des Betroffenen und kann ins Gegenteil kippen. Hier braucht es eine klare Unternehmenskultur und dahinter ein fähiges Führungskräfte- und Prozessmanagement, welches mit der nötigen Macht ausgestattet dann endlich die maroden Strukturen und Abläufe hinterfragt, aufbricht und verbessert.

Coaching & Prozessmanagement

Ursachenforschung!
- unklare Prozesse?
- überbordende Bürokratie?
- diffuse Zuständigkeiten?
- mangelnde Kompetenz-/Führungsstärke?

Coaching hilft bei:
- Zeit & Konfliktmanagement
- Visions- & Zielarbeit
- Kommunikation
- Führungskräfte & Teamentwicklung

Prozessmangement sorgt für:
- Entwicklung von „sauberen" Prozessen
- Hierarchien, Rollen und Zuständigkeiten
- Analyse der verbundenen Abläufe
- Wertschöpfung, Qualität, Zeitersparnis

20. Kommunikation in Krisen

Krise, Krise, Krise....wir scheinen zur Zeit keinen anderen Modus zu kennen, und das in einer der aufgeklärtesten Epochen aller Zeiten. Warum das so ist, können Philosophen und Wissenschaftler bestimmt kompetent erklären, ich starte dazu hier besser keinen Versuch. Als Coach fühle ich mich eher der Pragmatik verpflichtet und in Krisenzeiten bestätigen mir meine Klienten, das auf einen theoretischen Unterbau dann auch gerne verzichtet werden kann.

Im Klartext: Es interessiert niemanden, an welchen Baum die Banane gewachsen ist und wer sie gegessen haben könnte - es interessiert, wie an der übrig gebliebenen Bananenschale auf dem Weg jetzt vorbeizukommen ist. Links vorbei? Rechts vorbei? Einfach über die Schale drüber springen?

Über die eigentliche Ursache und deren Vermeidung kann man sich in ruhigeren Zeiten dann gern Gedanken machen (ich empfehle dazu den 4. Quadranten gemäß dem Kapitel vom Eisenhower-Prinzip) In Krisenzeiten steht das Problem aber in voller Pracht im Raum. Was ist zu tun außer es zu „bewundern"?

„Krise" ist ursprünglich aus der griechischen Wortverwandschaft „Beurteilung" oder „Entscheidung" entstanden.

Unter Druck oder unter Angst sind sinnvolle Entscheidungen jedoch bekannterweise schwerer zu fällen als im entspannten Modus. Der Blickwinkel verengt sich, die Wahrnehmung wird reduziert, die Kreativität, Weitsicht und/oder die breite Aufnahmebereitschaft von Informationen sinkt. Dafür wächst die Hoffnung in die eine Person, die „es richten wird": Den Supertrainer, der die Mannschaft vor dem Abstieg rettet. Der Stratege, der die richtigen Antworten weiß. Der „Macher", der alles wieder gut werden lässt.

Ein weiterer wichtiger Punkt: In Krisen vertrauen meiner Erfahrung nach Menschen selten Zahlen oder Computern - sie vertrauen anderen Menschen! Man möchte der Person, die sagt, man werde sicher durch die Krise kommen, in die Augen blicken können.

Ellenlange Abhandlungen helfen als Gebrauchsanweisung also wenig, wenn Führungskräfte in Krisensituationen mit Ihrer Belegschaft kommunizieren sollten bzw. müssen. Eine Liste mit Handlungsoptionen wird dann erwartet.
Hier sind ein paar Vorschläge für diese Liste:

Was man beachten sollte, "wenn es mal eng wird":

- Relevante Informationen für Dritte möglichst sofort und ohne Verzögerung weitergeben.

- Informationsstrom nicht abbrechen lassen (auch im Prozessingstatus).

- Es spricht immer nur einer, nur eine Botschaft, keine Widersprüche!

- Den Dialog suchen, Fragen beantworten, nicht ausweichen!

- Empathisch bleiben, Botschaften personalisieren, Lösungsorientiert argumentieren.

- Die Wahrheit sagen! Keine Spielereien, keine Tricks!

Sich bewusst werden:

- Die Probleme von heute beruhen meist auf den Handlungen und Methoden der Vergangenheit.

- Je stärker der Druck, desto heftiger reagiert das System!

- Einfache Lösungen funktionieren selten (und verstärken oft nur das Problem.)

- Ursachen erkennen und Wirkungen lenken! Initiativ bleiben und daran denken: Es wird oft schlimmer, bevor es besser wird.

Erste Maßnahmen:

- Ruhe bewahren, Vertrauen ausstrahlen, Angst nehmen, Energie spenden!

- Schaffen eines gemeinsamen Problembewusstseins.

- Umfassende Diagnose vor Aktionismus!

- Ressourcen-Check: Wieviel Zeit, Geld, Technik, Man-power, Expertise ist vorhanden?

- Rückmeldeschleifen implementieren.

Businesskommunikation
in Krisenzeiten

- Informationen möglichst ohne
  Verzögerung weitergeben

- Informationsstrom nicht abbrechen
  lassen (auch während des Prozesses)

- Nur einer spricht, eine Botschaft,
  keine Widersprüche

- Den Dialog suchen, Fragen
  beantworten, nicht ausweichen

- Die Wahrheit sagen! Keine
  Spielereien, keine Tricks

- In Krisenzeiten vertrauen Menschen
  nicht Zahlen oder Computern - sie
  vertrauen anderen Menschen!

21. Wenn das alles ist

…so meinte einmal einer meiner Klienten. Manchmal berührt man in Gesprächen eben auch philosophische Themen: Die Frage nach Schuld, die Frage von Gut und Böse, die Frage der eigenen Sterblichkeit und der Sinn des Lebens. Ich selbst freue mich immer, wenn Gespräche diese Qualität erreichen. Gemeinsam erforscht man Ansichten, argumentiert und strebt nach geistiger Nahrung für ureigenste Fragen oder Ansichtsweisen.

Den häufigsten Anlass bei Themen dieser Art ist hierbei die Endlichkeit des Seins und die Angst vor dem eigenen Tod. Die große Philosophin und Buchautorin Simone de Beauvoir beschreibt in ihrem Roman "Alle Menschen sind sterblich" mit eindrucksvoller Intensität, wie ein Mensch Unsterblichkeit erlangt und die folgende Wandlung dieses vermeintlichen Privilegs: Was will man entdecken, wenn man irgendwann schon überall war? Was genießen, wenn man es schon tausendmal geschmeckt und gespürt hat? Wo seinen Hafen finden, wenn jeder geliebte Mensch unter seinen eigenen unsterblichen Fingern zerrinnt, älter wird, letztlich stirbt, und man selbst bleibt unversehrt? Welche Ziele sind noch von Wert, wenn es letztlich egal ist, wann und ob man sie beginnt oder vollendet?

Der Romanfigur wird der Ehrgeiz gebrochen und durch Gleichgültigkeit ersetzt, die sich wie eine Sanduhr langsam rieselnd in seinem Geist ausschüttet. All seine Sehnsüchte verlöschen. Sein Wille weicht einer großen Lethargie. Klingt nicht wirklich erstrebenswert.

Der Tod ist ein Pfeil, der auf uns abgeschossen wird, wenn wir geboren werden. Er fliegt und fliegt und trifft uns letztlich in der Sekunde unseres Todes. (Frei nach Jean Paul.)

Ich bin froh, dass auch für mich ein persönlicher Pfeil in der Luft ist, denn er ermöglicht mir den Wert und die Spielregeln meiner mir zugewiesenen Lebensspanne zu erkennen. Dabei ist es unerheblich für mich, wie lange er noch fliegen wird. Er ermutigt mich, in der Begrenztheit der Dinge einen Wert zu sehen und die Gestaltbarkeit meines Lebens in Bezug auf seine Endlichkeit wertzuschätzen.

Wenn das alles ist, dann war es ganz schön viel.

Alles Gute für dich!

...und bis zum
       nächsten Mal!

22. Quellen und weiterführende Literatur

Ich habe hier für dich eine Auswahl von zugrunde legender und weiterführender Literatur sowie ein paar Internet-Links zusammengestellt. Diese Auswahl hat keinerlei Anspruch auf Vollständigkeit, sondern bildet lediglich meine persönlichen „Lieblinge" ab.

Einige der Bücher sind prägend für mich gewesen und hatten/haben Einfluss auf meine Weltanschauung als Mensch und Coach, sie bilden somit u.a. das Fundament meiner Gedanken und Interpretationen. Die von mir beschriebenen Tools gibt es objektiv „auf dem Markt" und werden auch von anderen genutzt oder beschrieben, meine Schlussfolgerungen und Nutzen daraus ist jedoch oft persönlicher Natur und müssen nicht immer dem „allgemeinen Gedanken" folgen. Du bist eingeladen, dies ebenfalls zu tun. Bilde dir eine eigene Meinung - immer!

Ferner möchte ich darauf hinweisen, dass Quellenangaben aus dem Internet mitunter eine kurze „Halbwertzeit" haben, also gelöscht oder verändert werden können. Sollten die Links (nicht mehr) funktionieren, bitte ich dies zu berücksichtigen.

Ich freue mich auf einen Austausch mit dir. Wenn du mir etwas mitteilen möchtest, egal ob Lob, Kritik oder Aktualisierungen, dann tue das gerne. Das gleiche gilt natürlich für den Fall, wenn du inhaltliche Fehler findest.

Meine Kontaktdaten findest du am Ende dieses Buchs.

Von Reitern und Elefanten

Meine Empfehlung zu diesem Thema sind Autoren wie z.B. Paul Watzlawick, Hoimar von Ditfurth, Gerald Hüther und Jonathan Haidt

Watzlawick/Beavin/Jackson: „Menschliche Kommunikation. Formen, Störungen, Paradoxien" erstmals erschienen 1969, neue 13. Auflage von 2017 (unverändert), Hogrefe Verlag, ISBN 978-3456957456

Hoimar von Ditfurth: „Der Geist fiel nicht vom Himmel. Die Evolution unseres Bewusstseins", 01. Oktober 1980, dtv Verlagsgesellschaft mbH & Co. KG, ISBN 978-3423015875

Hoimar von Ditfurth: „Innenansichten eines Artgenossen: Meine Bilanz" erstmals erschienen 1989, neue Auflage vom 22. Oktober 2013, Geest-Verlag, ISBN 3866854218

Gerald Hüter: „Was wir sind und was wir sein könnten: Ein neurobiologischer Mutmacher", 21.Februar 2013, FISCHER Taschenbuch, ISBN 3596188504

Jonathan Haidt: „Die Glückshypothese: Was uns wirklich glücklich macht. Die Quintessenz aus altem Wissen und moderner Glücksforschung", 20. Oktober 2014, VAK Verlag, ISBN 3867310963

Das Eisenhower Prinzip

Quelle Eisenhower Prinzip:
https://de.wikipedia.org/wiki/Eisenhower-Prinzip

Originalrede von Eisenhower:
https://web.archive.org/web/20150402111315/http://
www.presidency.ucsb.edu/ws/?pid=9991

Der Dunning/Kruger Effekt

Die Studie liegt vor unter:

Kruger, J. & Dunning, D. (1999) - Journal of Personality and Social Psychology 1999, Vol. 77, No. 6. Unskilled and Unaware of It: How Difficulties in Recognizing One's Own Incompetence Lead to Inflated Self-Assessments)

Albert Einstein: *„Der Hauptgrund für Stress ist der tägliche Umgang mit Idioten. "*- Zitat wird ihm zugeschrieben.

Askese vs. Konsum

Quellenauswahl zur beschriebenen Ressourcenknappheit:

www.zeit.de/wirtschaft/2017-04/energie-strom-zugang-gesundheitsschaedliche-brennstoffe-sustainable-energy-for-all?wt_zmc=sm.ext.zonaudev.mail.ref.zeitde.share.link.x

www.welthungerhilfe.de/informieren/themen/fuer-wasser-und-hygiene-sorgen

Thomas Alfa Edison: *"Es ist alles in Ordnung. Unsere ganzen Fehler verbrennen dort gerade und wir können nochmal ganz neu beginnen. Ich bin zwar 67 Jahre alt, aber ich werde morgen neu anfangen*!" - das Zitat wird ihm zugeschrieben.

Innere Landkarten

Vom Ingenieur und Autor Alfred Korzybski stammt der Satz: *„Die Landkarte ist nicht das Territorium, aber wenn die Landkarte der Struktur des Territoriums ähnlich ist, ist sie brauchbar."*

Alfred Korzybski:"Selections from Science and Sanity: Second Edition: An Introduction to Non-Aristotelian Systems and General Semantics" 08. Dezember 2010, Inst of General Semantics, ISBN: 0982755910

NLP: Richard Bandler und Owen Fitzpatrick: „Gespräche: Freedom is Everything & Love is All the Rest", 1. Januar 2007, Bookmark NLP, ISBN: 978-3935672054

NLP-Vorannahmen:

https://www.dvnlp.de/was-ist-nlp/nlp-vorannahmen/

SMART Ziele definieren

wurde u.a. vom Ökonom Peter Drucker (1909 - 2005) beschrieben, er gilt als Vater der modernen Managementlehre

https://de.wikipedia.org/wiki/SMART_(Projektmanagement)

Ich-Zustände und die Mailbox

Paul Gamber: "Transaktionsanalyse für Dummies: Die Win-Win Situation für die Seele" 09.März 2016, WILEY-VCH Verlag, ISBN 978-352771115

Ein bisschen Werbung zwischendurch

Thomas A. Harris: "Ich bin o.k. - Du bist o.k.: Wie wir uns selbst besser verstehen und unsere Einstellung zu anderen verändern können - Eine Einführung in die Transaktionsanalyse", 01. März 1976, Rowohlt Taschenbuch, ISBN 978-3499169168

Der Halo Effekt

Psychologe Edward Thorndike prägte den Begriff erstmals in den Zwanzigern, beobachtet wurde er aber auch von anderen, manche Phänomene haben eben oft verschiedene Beobachter.

https://de.wikipedia.org/wiki/Halo-Effekt

https://de.wikipedia.org/wiki/Edward_Lee_Thorndike

Love it, change it or leave it

Begriff/Zitat wird Henry Ford zugeschrieben:
„Love it change it or leave it."

Das Universaltool für Konflikte

Die SAG ES - Methode:
Die Methode wird meines Wissens nach (Recherche im Internet) dem Trainer und Autor Thomas Schmidt zugeordnet. Die Elemente darin finden sich auch bei Thomas Gordon und seinem nach ihm benannten „Gordon Modell", das u.a. auf sogenannte Ich-Botschaften und niederlagenlose Konfliktlösung ruht und bei dem „Godfather" der humanistischen Psychologie, Carl Rogers, mit seinen Grundpfeilern Empathie und Kongruenz, welche hier spürbar Einzug gehalten haben.

Thomas Gordon: "Familienkonferenz: Die Lösung von Konflikten zwischen Eltern und Kind" 31. August 2022 (aktuelle Auflage), Heyne Verlag, ISBN 3453606450

Carl R. Rogers: "Therapeut und Klient: Grundlagen der Gesprächspsychotherapie", 01. September 1983, FISCHER Taschenbuch, ISBN 978-3596422500

Die Komfortzone

Komfortzone Begriff:
https://de.wikipedia.org/wiki/Komfortzone

Stress - Gestern und Heute

Ich habe von Vera Birkenbihl den Begriff „psychologischer Nebel" das erste Mal gehört in:

Vera Birkenbihl: „Kommunikationstraining", 11. Januar 2013, mvg Verlag, ISBN 3868824464

Das Riemann Thomann Modell

Fritz Riemann: „Grundformen der Angst - Eine tiefenpsychologische Studie" 17. Januar 2022 (aktuelle Auflage), Ernst Reinhardt Verlag, ISBN 3497024228

Kompetenzstufen

Das im Kapitel erwähnte Zitat stammt von der Webseite des Bundesinstituts für Berufsbildung: https://www.bibb.de

Der Begriff der Komepetenzstufen wird der Entwicklungspsychologe zugeordnet, der Psychologe Noel Burch hat sich u.a. in den 70zigern einmal Gedanken dazu gemacht.

www.bibb.de/de/8570.php

https://de.wikipedia.org/wiki/Kompetenzstufenentwicklung

Mammutjagd vs. CRM

Zum Sender - Empfänger Modell gibt es unzählige Erklärungen, eine gute Zusammenfassung gibt Wikipedia: https://de.wikipedia.org/wiki/Sender-Empfänger-Modell

Kommunikation in Krisen

„In Krisen vertrauen meiner Erfahrung nach Menschen selten Zahlen oder Computern - sie vertrauen anderen Menschen!" - mir leider nicht bekannter Verfasser

Wenn das alles ist

„Der Tod ist nur ein Pfeil, der bei der Geburt abgeschossen wird und uns dann trifft". Zitat von: Jean Paul. 1763 - 1825.

Simone de Beauvoir: „Alle Menschen sind sterblich: Roman", 01. November 1975, Rowohlt Taschenbuch, ISBN 3499113023

Urheberrechtshinweise:

Weitere Hinweise:

Die in diesem Buch verwendeten Icons, Symbole und Sticker stammen von dem Anbieter Flaticon, www.flaticon.com. Der Autor ist berechtigt, im Rahmen seiner vereinbarten Lizenzbedingungen Icons, Symbole und Sticker in diesem Buch zu verwenden.

Verwendete oder benannte Quellen finden sich im Anhang dieses Buches. Im Zeitalter des Internets sind nicht immer eindeutige Quellen vorzufinden, bzw. es herrscht Unklarheit betreffend deren Ursprung. Für die Inhalte von den in diesem Buch abgedruckten Internetseiten sind ausschließlich die Betreiber der jeweiligen Internetseiten verantwortlich. Der Autor hat keinen Einfluss auf Gestaltung und Inhalte fremder Internetseiten. Zum Zeitpunkt der Verwendung waren keinerlei illegalen Inhalte auf den Webseiten vorhanden.

Über einen Hinweis bei abweichenden Quellenkenntnissen ist der Autor dankbar.

Die Inhalte dieses Buches wurden sorgfältig recherchiert, bleiben aber ohne Gewähr für Richtigkeit, Aktualität und Vollständigkeit. Druckfehler und Falschinformationen können leider nicht vollständig ausgeschlossen werden.

Dieses Buch behandelt keine Krankheiten, gibt keine Diagnosen und/oder Heilungsversprechen ab und die beschriebenen Coaching-Tools ersetzen keine ärztliche oder therapeutische Behandlung.

Kontakt:

Christoph Lauterbach
Freiberuflicher Businesscoach und Unternehmensentwickler
Sandwisch 39a
22113 Hamburg

Telefon: 0176 49 79 35 18
www.elbe-coaching-hamburg.de
E-Mail: mail@christophlauterbach.de

Stand: Juli 2023